Jill Saward

Vergewaltigt

W0348923

SERIE PIPER
Band 1773

Zu diesem Buch

Am Donnerstag, den 6. März 1986, um die Mittagszeit wurde Jill Saward bei einem Raubüberfall auf ihr Elternhaus brutal vergewaltigt. Ihr Vater, Michael Saward, Pfarrer von St. Mary's in Ealing, und ihr Freund David wurden bewußtlos geschlagen und erlitten Schädelbrüche. Jill war einundzwanzig Jahre alt und Jungfrau. Die Gewalt der »Vergewaltigung im Pfarrhaus von Ealing«, wie der Fall bald in den Medien hieß, schockierte die Nation. Die milden Urteile, die der Richter u. a. damit begründete, daß sich Jill bemerkenswert gut vom Trauma der Vergewaltigung erholt habe, lösten in der Bevölkerung einen Sturm der Entrüstung aus.

Hier erzählt Jill ihre Geschichte. Genau, offen und oft im Ton lakonischer Ironie schildert sie die Details des furchtbaren Erlebnisses und dessen, was danach kam: die Grobheit und das mangelnde Einfühlungsvermögen des Arztes im Krankenhaus, aber auch die Unterstützung und Zuwendung, die sie von seiten der Polizei erfuhr, die aufdringliche Gedankenlosigkeit und Sensationsgier der Boulevardpresse, das Martyrium der Gegenüberstellung mit den Tätern und der Gerichtsverhandlung im Old Bailey.

»...Ich spreche nicht nur für mich, sondern für all jene Frauen, die nicht in der Lage waren, ihren Gefühlen Ausdruck zu geben. Über dieses Thema zu sprechen erschöpft mich, aber es lohnt die Mühe, wenn andere auf diese Weise besser verstehen.«

Jill Saward, geboren 1965 in Liverpool, Ausbildung und Tätigkeit als Kindergärtnerin, lebt heute verheiratet in London.

Jill Saward

Vergewaltigt
Meine Geschichte

Unter Mitarbeit von
Wendy Green

Aus dem Englischen von
Inge Leipold

Piper
München Zürich

SERIE PIPER
FRAUEN

Die Originalausgabe erschien 1990 unter dem Titel
»Rape. My Story«
bei Bloomsbury Publishing, London.

ISBN 3-492-11773-2
Deutsche Erstausgabe
April 1993
© Jill Saward and Wendy Green 1990
Deutsche Ausgabe:
© R. Piper GmbH & Co. KG, München 1993
Umschlag: Federico Luci,
unter Verwendung des Gemäldes »Nu gris de dos«
(1954) von Nicolas de Staël
(© ADAGP Paris Cosmopress, Genf)
Foto Umschlagrückseite: Shane Dempsey
Gesamtherstellung: Clausen & Bosse, Leck
Printed in Germany

Kapitel eins

Die Uhr schlägt zwölf. Mitternacht. Neujahrstag 1986. Das vergangene Jahr war nicht gerade überwältigend, und ich weiß, wie mein Gebet für das neue Jahr lauten wird:

»Herr, schenke mir ein besseres Jahr.«

Ich glaube, noch so ein Jahr wie das letzte verkrafte ich nicht. In der zweiten Hälfte hat es einfach zuviel Ärger gegeben. Der Chef und ich, wir waren schlichtweg nie einer Meinung. Ständig haben wir uns gestritten, wegen Arbeitsplatzbeschreibungen, des Kirchenverbands und wegen meiner Ausbildung. Schließlich hat er vorgeschlagen, mein einundzwanzigster Geburtstag, Mitte Januar, wäre doch eine gute Gelegenheit, noch einmal von vorne anzufangen. Irgendwo anders. Mir schien Heiligabend ein besserer Zeitpunkt zu sein. Ich habe einfach nicht eingesehen, warum ich, wenn ich sowieso gehen mußte, noch bleiben sollte, nur damit über Weihnachten und Neujahr jemand von der Belegschaft da wäre. Schließlich ist Dad nicht der einzige, der es auch alleine schafft, wenn es darauf ankommt.

Es macht mir mittlerweile nicht mehr sonderlich viel aus, daß er als umstritten gilt, aber es gefällt mir überhaupt nicht, daß man ihn als den »Sexbuch-Pfarrer« abstempelt – wegen eines Buches, das er veröffentlicht hat, als ich zehn war. Es war als Gegenstimme zu gewissen, recht freizügigen Einstellungen jener Zeit gedacht, obwohl niemand mehr auf diese Idee gekommen wäre, sobald erst einmal die Presse Wind von der Geschichte bekommen hatte. Ich habe nie verstanden, warum man so einen Wirbel darum machte. Viel wichtiger als das Problem, ob die Leute miteinander ins Bett gehen sollen, bevor sie verheiratet sind, war mir, wann Mum mich endlich alleine zum Einkaufen gehen ließe.

Einen Pfarrer zum Vater zu haben, das war schon schwierig genug. Als wir noch in Beckenham wohnten, hatte Dad einen

»echten« Beruf. Er war Funk- und Fernsehbeauftragter für den Kirchlichen Informationsdienst. Wir wohnten in einem Haus, das uns gehörte, und wir hatten Nachbarn – ganz anders als in den meisten Pfarrhäusern, in denen wir später gewohnt haben. Meistens habe ich die Häuser gemocht, aber sie waren immer irgendwie anders als die anderen Häuser in der Gegend. Einige Leute hatten Angst davor, zu uns zu kommen, aber andere, zum Beispiel Landstreicher, sind oft gekommen. Dad schien das nichts auszumachen. Er kann gut mit Leuten umgehen und gut organisieren und schafft eigentlich fast alles. Präbendar von St. Paul's Cathedral. Pfarrer von Ealing. Kirchenrat. Mitglied der Generalsynode. Verfasser von Kirchenliedern.

Dadurch, daß er an der neuen Ausgabe des Gesangbuchs mitwirkte, setzte er sich nochmal in die Nesseln. In dem Gesangbuch sind die modernisierten Fassungen von ein paar alten Kirchenliedern enthalten und auch von der Nationalhymne. Was bei einigen Leuten nicht besonders gut ankam. Ich war froh, daß ich gerade in Wales war, als die Sache losging – obwohl ich wußte, daß Dad nicht für den neuen Text verantwortlich war. Einige von diesen Chorälen singe ich recht gerne, besonders »Mit Wasser getauft« und »Herr des schmachvollen Kreuzes«; aber ich mochte das Gesangbuch als ganzes nicht, einfach weil es zehn Jahre lang soviel von seiner Zeit geschluckt hatte.

Es ist mit Sicherheit nicht leicht, eine so bekannte Persönlichkeit zum Vater zu haben, vor allem weil die Leute anscheinend von mir erwarten, daß ich über alles Bescheid weiß, was er gemacht hat. Er hat immer zuviel gearbeitet, so daß für die Familie nie viel Zeit geblieben ist.

Ich gebe das nur ungern zu, aber meine Neigung zur Aufsässigkeit habe ich wohl von meinem Vater. Oder von seinem Großvater mütterlicherseits. Der hat noch gelebt, als meine Schwester und ich auf die Welt kamen; allerdings ist er im gleichen Jahr gestorben. Er war der Kapitän des Dampfers »Montrose«, auf dem der berüchtigte Dr. Crippen zu fliehen versuchte, nachdem er seine Frau umgebracht hatte. Urgroßvater hatte den Fall in der englischen Presse verfolgt und schöpfte Verdacht, daß es sich bei einem der Passagiere um Crippen handeln könnte. Er lud ihn ein, an seinem Tisch zu speisen, um Näheres herauszufinden, und benachrichtigte dann mit dem ersten Funkspruch, der zum Zweck der Verbrechensaufklärung von offener See zur Küste übermittelt wurde, die Polizei.

Urgroßvaters Leben war wahrhaft ereignisreich; unter anderem erlitt er mehrere Male Schiffbruch; dann schlug er sich hundert Meilen quer durch Australien durch, auf der Flucht vor einem Mann, der ihn umbringen wollte. Als er starb, durchlebte er noch einmal den Alptraum seines schlimmsten Schiffbruchs, von dem er niemals erzählt hatte. Er war Kapitän der »Empress of Ireland« gewesen, deren Untergang die meisten Todesopfer in Friedenszeiten forderte. Ein norwegisches Schiff rammte sie im Nebel, und die »Empress« sank binnen Minuten. Mehr als achthundert Passagiere ertranken. Er war überzeugt, daß es richtig gewesen wäre, wenn er damals ebenfalls umgekommen wäre, aber er wurde einundneunzig Jahre alt.

Meine Großeltern mütterlicherseits waren auch etwas Besonderes. Mein Großvater war Oberst und hat etliche Bücher geschrieben; meine Großmutter wurde mit dem MBE ausgezeichnet (Member of the Order of the British Empire – englischer Verdienstorden; Anm. d. Übers.), weil sie bei einem Luftangriff im Ersten Weltkrieg Leute aus einem Gebäude mit Glasdach gerettet hatte. Großpapa war sehr viel älter als Großmama. Er starb, als meine Mutter dreizehn oder vierzehn war. Als Großmama sich zur Ruhe setzte, zog sie nach Frinton an der Ostküste, und in den Ferien haben wir sie dort oft besucht.

Sie starb, als ich zehn war. Meine Zwillingsschwester hat damals geweint – ich nicht. Erst sechs Jahre später habe ich um sie getrauert. Das war zu Weihnachten. Plötzlich hat Großmutter mir gefehlt, und ich wünschte mir, sie hätte länger gelebt. Ich wollte eigentlich gerade auf eine Party gehen, und eine Freundin, die vorbeikam, wollte wissen, warum ich so traurig bin. Ich bin mir so dumm vorgekommen, als ich ihr zu erklären versuchte, daß ich um jemanden weinte, der vor sechs Jahren gestorben war. Komisch. – Großmama haben wir alle nicht besonders gut gekannt. Ich glaube, wenn sie länger gelebt hätte, hätte ich keine solche Sehnsucht nach ihr gehabt. Sie war ein bißchen streng. Darüber, daß Mum einen Geistlichen heiratete, war sie nicht sonderlich erbaut. Und auch darüber nicht, daß Mum dann halbtags bei Sainsbury's arbeitete, wo sie Regale einräumte, obwohl sie doch eine Ausbildung als Englischlehrerin hatte.

Was Mum macht, tut sie nicht einfach, um anderen Leuten zu gefallen. Und mit Sicherheit hält sie absolut nichts von der traditionellen Rolle einer Pfarrersfrau. Als wir noch klein waren, mußte sie arbeiten gehen, um das Schulgeld für meinen Bruder bezahlen zu können; also hat sie bei Sainsbury's angefangen und ist dann viele Jahre dort geblieben. Sie ist sehr praktisch veranlagt. Dadurch, daß sie sieben oder acht Jahre lang in Chelsea gearbeitet hat, wo sie alle möglichen Leute kennenlernte, von Punkern bis hin zu typischen Chelsea-Pensionären, hat sie jede Menge Erfahrungen gesammelt. Als ich dann beim CVJM (= Christlicher Verein junger Männer) eine Stelle als Putzfrau annahm, hat sie das allerdings nicht weiter beeindruckt. Ehrlich gesagt, mir hat das mehr Spaß gemacht als die meisten anderen Jobs, die ich hatte, einmal abgesehen von den Schwierigkeiten mit dem Chef. Mit den anderen Putzfrauen bin ich gut ausgekommen. Ich mag Leute, die das Leben genießen und geradeheraus sind.

Ich erinnere mich an ein Mädchen in der Schule, das mich einmal gefragt hat, ob mir ihr neues Kleid gefällt. Als ich gesagt habe: nein, hat sie mir auf dem ganzen Nachhauseweg einen Vortrag über Taktgefühl gehalten. Manche Leute mögen es nicht, wenn ich auf ihre Frage offen antworte, aber wenn ihnen meine Art zu antworten nicht paßt, dann sollten sie mich gar nicht erst nach meiner Meinung fragen.

Pete hat das verstanden, aber der ist nicht mehr hier. Er ist vor drei Jahren an Krebs gestorben. Ich aß gerade bei McDonald's einen Hamburger, als ich es erfuhr, und seitdem kann ich die Dinger nicht mehr sehen. Ich kannte Pete erst seit ein paar Monaten, aber er war so etwas wie ein Vater für mich geworden. Er hat mit mir geredet und Zeit für mich gehabt und mir geraten, was ich tun soll. Er leitete das Ferienlager hier in Nordwales, als ich da anfing, und er hat mir das Gefühl gegeben, daß ich tatsächlich etwas kann und etwas wert bin. Er hat mir geraten, nicht das zu tun, was alle machen, sondern das, was ich für richtig halte.

Vielleicht ist mir deswegen heute ein bißchen nach Weinen zumute. Silvester war immer ein besonderer Anlaß, an ihn und seine Familie zu denken. Und außerdem ist Wales die Gegend, wo ich seit meinem vierzehnten Lebensjahr immer alleine hinfahre, um mir die ganze angestaute Anspannung von der Seele zu weinen und mich auf den nächsten Schlag gefaßt zu machen. Es tut gut, von zu Hause und der Familie und all den Leuten wegzukommen, die mich kennen; das zu sein, was ich sein will, meinen Gefühlen freien Lauf zu lassen. Falls die Leute bestimmte Erwartungen haben, was eine Pfarrerstochter betrifft, dann habe ich sie, fürchte ich, enttäuscht. Aber das ist mir egal. Ich glaube nicht, daß die Tatsache, sozusagen ständig zur Besichtigung freigegeben zu sein, mich allzusehr eingeengt hat, obwohl es mir nicht behagt, gleich neben der Kirche zu wohnen. Ich schätze, mein Freiheitsdrang hängt eher damit zusammen, daß ich ein Zwilling bin.

Pug und ich gleichen uns total, außer daß sie auf der linken Wange ein Muttermal hat. Die Leute verwechseln uns oft, und ich muß sagen, ich kann es ihnen nicht verdenken. Gelegentlich ist es mir, als ich schon etwas älter war, passiert, daß ich in einen Laden gegangen bin und, wenn ich mich dann selber im Spiegel sah, gedacht habe, es sei Pug. Als wir noch klein waren, hat man uns oft für Jungen gehalten, weil wir kurze Haare hatten und keine niedlichen Kleidchen trugen. Mum legte, ehrlich gesagt, keinen allzu großen Wert auf hübsche Kleider. Sie ist, wie gesagt, eher praktisch und steht mit beiden Beinen fest auf der Erde. Wenn es nach ihr ginge, würde sie lange Hosen tragen. Deswegen haben wir immer Hosen und T-Shirts angehabt, und so haben die Leute einfach geglaubt, wir seien Jungen. Als Mum mit uns schwanger war, hätte sie gerne noch einen Sohn bekommen, aber gleichzeitig wollte sie Zwillinge, also waren wir keine allzu große Enttäuschung. Es scheint bei ihr in der Familie zu liegen, daß sie Schwierigkeiten haben, Jungen zu kriegen. Joe ist der einzige in unserer Familie, und da wir noch eine ältere Schwester haben, sind wir mit drei gegen einen in der Überzahl.

Pug (= Mops, auch: Boxer; Anm. d. Übers.) ist nicht der richtige Name meiner Zwillingsschwester. Ich habe sie einfach so genannt, als wir ungefähr zehn Jahre alt waren. Ich fand »Pug« origineller und viel schöner als ihre richtigen Vornamen. Sie hat drei, und mir gefällt keiner davon. Von meinen halte ich auch nicht besonders viel. Meiner Ansicht nach ist keiner von ihnen originell. Den Namen »Pug« habe ich erfunden. Ich wußte nichts von den Hunden oder daß es Leute gibt, die aufeinander einschlagen. Das alles haben wir erst später mitgekriegt. Sie war sehr beeindruckt, daß eine Hunderasse nach ihr benannt ist. Sie mag Möpse. Ich kann mir nicht vorstellen warum, es sind doch wirklich abgrundhäßliche Tiere. Mich hat sie dafür Llij genannt, das später zu Snij wurde. Davor hat sie es immer genuschelt, ein bißchen wie in »illegitim«. Ich habe sie dann immer aufgezogen: »Wenn ich illegitim bin, dann bist du es auch«, aber sie war der Ansicht, Mum und Dad hätten in den fünfundvierzig Minuten, die wir auseinander sind, geheiratet. Es hatte keinen Sinn, mit ihr darüber zu streiten. Viel einfacher war es, ihr ihren Willen zu lassen.

Als wir klein waren, habe ich mich immer ziemlich auf Pug verlassen. Es war ihre Sache, Freundschaften zu schließen. Ich bin mit Mädchen nicht besonders gut zurechtgekommen. Mir waren Jungen lieber. Das war viel spannender. Jahrelang habe ich mir gewünscht, ein Junge zu sein. Ich haßte Kleider und Mädchenspiele und alles, was Mädchen so machen. Mit meinem Bruder Cowboy und Indianer zu spielen, das hat viel mehr Spaß gemacht. Er hat uns immer an den Händen gefesselt, und wir mußten uns befreien. Das war ein tolles Spiel.

Meine frühe Kindheit habe ich wirklich genossen – abgesehen davon, daß die Leute sich über uns lustig gemacht haben, weil wir Zwillinge und was Besseres und intelligent waren. Ich glaube nicht, daß Mum und Dad sich darüber viele Gedanken gemacht haben, aber in der Grundschule hat man uns deswegen ganz schön schikaniert. Ich habe das Mädchen, das am schlimmsten war, nie gehauen. Ich habe einfach versucht, mit ihr zu reden, aber das hat sie anscheinend erst recht auf die Palme gebracht. Und auf dem Nachhauseweg sind dann die Mädchen von der Gesamtschule auf uns losgegangen, weil wir in einem großen Haus wohnten.

Irgendwie haben wir es nie geschafft, daß man uns so sah, wie wir wirklich sind. Es war immer so, als wären wir in den Augen der Leute irgendwie anders. Als wir aufs Gymnasium kamen, haben die Mädchen dort uns wie einigermaßen normale Leute behandelt. Aber eines von den Mädchen hat sich mir gegenüber immer nur überheblich oder unverschämt verhalten, bis zu dem Tag – kurz bevor ich von der Schule weg bin –, als irgend jemand ihr sagte, daß wir in Englisch beide die gleiche Note hatten. Damals hat sie zum erstenmal mit mir wie mit einem menschlichen Wesen geredet. Sie war superintelligent. Schon mit elf eine Art kleiner Solschenizyn.

Als ich dreizehn war, zogen wir nach Ealing; damals lebte ich allerdings hauptsächlich in meiner eigenen Phantasiewelt. Ich spazierte auf den Backsteinmauern im Garten herum und mußte dabei balancieren, weil sie nicht festzementiert waren, und dachte mir so eine Art Familienserie aus, ein bißchen wie »Brookside«. Sehr realistisch und handfest, nichts Weltbewegendes. Ich bin ganz sicher, daß jemand in meiner Phantasiefamilie Laura hieß. Es war ziemlich komisch, als ich herausfand, daß Pug dasselbe machte. Ich schätze, das war unser Fluchtweg, eine Möglichkeit, uns eine eigene Identität zu schaffen. Wir lebten in anderen Personen; sie waren etwas Besonderes für uns, und niemand sonst hat etwas von ihnen gewußt. Sie haben geheiratet, Kinder gekriegt, ganz alltägliche Ereignisse. Die Art Leben, wie ich es, so habe ich immer geglaubt, eines

Tages führen würde, ein Leben, in dem ich mich nicht mehr so einsam und irgendwie abgeschnitten fühlen würde.

Ich glaube, der Grund dafür war nicht, daß wir Dad nur so selten zu Gesicht bekamen. Das waren wir eigentlich seit jeher gewohnt. Mit Mum waren wir viel mehr zusammen. Ich vermute, es war einfach die Unfähigkeit, dauerhafte Freundschaften zu schließen. Es ist mir nie leichtgefallen, mich mit Frauen anzufreunden. Pug hat das, wie gesagt, immer viel besser gekonnt. Ich war in der Hinsicht ein bißchen ungeschickt. Einerseits habe ich es bedauert, daß wir keine richtigen Freundinnen hatten, aber andererseits glaube ich nicht, daß so eine Beziehung gehalten hätte. Mädchen fand ich langweilig. Mit Männern befreundet zu sein fällt mir leichter, weil es für sie viel einfacher ist, dort wieder anzuknüpfen, wo man das letzte Mal aufgehört hat. Frauen wollen eher eine Dauerbeziehung.

Pug und ich haben zwar nie zugegeben, daß wir uns sehr nahestehen, aber es ist so. Ziemlich nahe. Vielleicht ist sie nicht ganz so realistisch wie ich. Sie mag gern alles hübsch und freundlich und mit Happy-end. Ich bin wahrscheinlich nicht so idealistisch wie sie. Es ist schwierig, das zu erklären. Bei Dingen, wo ich sage, daß wir verschieden sind, finden andere Leute, daß wir uns aufs Haar gleichen. Dad hat uns einmal als »Starstruck and Butch« (»Sternmädchen und Lausbub«; Anm. d. Übers.) beschrieben, nach den beiden Polizisten in der Fernsehserie »Starsky and Hutch«. Das hat mich zwar nicht sonderlich beeindruckt, aber es trifft die Sache ganz gut. Dad hat das so erklärt: Wenn wir beide einen schweren Koffer zum Bahnhof bringen müßten, würde Pug sich hinstellen und mit den Augendeckeln klimpern, und irgend jemand würde ihr zu Hilfe eilen, während ich einfach selber anpacken würde. Ich habe keine Angst davor, mir selber die Hände dreckig zu machen, wobei ich nicht sagen würde, daß Pug Angst davor hat; ihr ist es einfach lieber, wenn jemand anders das für sie macht.

Als wir Teenager waren, hatte sie immer irgendeinen Freund, obwohl ich nicht mehr genau weiß, wie alt sie war, als sie zum erstenmal mit jemandem »ging«. Über Jungen haben wir nie geredet. Uns gefiel eigentlich nie der gleiche Typ. Ich tendierte eher zu den Großen, Dunkelhaarigen und Gutaussehenden, Pug mochte Blonde. Sie hat sich letztes Jahr verlobt; an den Gedanken habe ich mich immer noch nicht gewöhnt. Es kommt mir irgendwie komisch vor, daß sie vor mir heiratet – auch wenn sie sich eher mit Jungen verabredet hat als ich.

Meinen ersten Kuß habe ich bekommen, als ich vierzehn war. Der Junge war drei Jahre älter als ich. Eigentlich war er es, der mich aufgeklärt hat. Einen richtigen Freund hatte ich erst mit siebzehn. Es hat ganze sechs Wochen gehalten, aber wir haben uns nur selten gesehen, weil wir beide ziemlich viel zu tun hatten. Danach war da ein paar Jahre niemand mehr. Seitdem habe ich viele Jungen gerngehabt, aber ich bin mit niemandem gegangen, bis David, mein jetziger Freund, mir über den Weg lief.

Kennengelernt habe ich ihn im CVJM, aber ich glaube nicht, daß wir gleich aufeinander geflogen sind. Es wird nicht gerne gesehen, wenn jemand vom Personal mit Leuten, die im Haus wohnen, anbändelt. David arbeitete als Wachmann, und deswegen traf man ihn morgens meistens noch, wenn er sein »Tagwerk« hinter sich hatte und gerade ins Bett gehen wollte. Ich fand ihn attraktiv, aber richtig kennengelernt haben wir uns erst, als sich herausstellte, daß das Zimmer, das er zusammen mit ein paar anderen bewohnte, modrig und feucht war. Der Architekt, der hinzugezogen wurde, kam zu dem Ergebnis, daß es den gesetzlichen Mindestanforderungen bei weitem nicht genügte. Die Männer mußten umquartiert werden; ich half David, seine Sachen zu tragen, und wir kamen ins Gespräch. Er hat mich eingeladen, mit ihm auszugehen, und ich habe ja gesagt. Eigentlich bin ich dagegen, mit Leuten auszugehen, die nicht an Gott glauben, aber er scheint für ein offenes Gespräch nicht unzugänglich zu sein.

Na ja, wir sind noch ganz am Anfang. Es ist noch alles drin. David hat Weihnachten zu Hause in Schottland verbracht, und ich bin über Neujahr in Wales. Unsere Gebetsstunde ist vorbei. Ich muß meine abschweifenden Gedanken sammeln. Zum traditionellen ersten Gottesdienst des Jahres wollen wir an den Strand hinuntergehen. Es hat geschneit, und sogar der Strand ist schneebedeckt. Das wird sicher schön, wenn wir im Schnee singen. Den Champagner dürfen wir nicht vergessen. Ich habe welchen besorgt, so daß wir das neue Jahr stilgerecht begrüßen können. Es wird ein gutes Jahr werden. Ich habe diesen gräßlichen Job aufgegeben; in zwei Wochen werde ich einundzwanzig; und wenn ich nach Hause komme, wird David wieder in London sein und auf mich warten. Niemand weiß, was die Monate bringen werden, die vor uns liegen, aber ich mache mir keine allzu großen Gedanken. Ich bin müde und freue mich auf mein Bett, und ich weiß, daß Gott über alles wacht. Das genügt.

Kapitel zwei

An dem grauen Märzlicht, das durch das Fenster sickert, merke ich, daß ich allmählich aufstehen müßte. Statt dessen kuschle ich mich noch tiefer unter mein Federbett. Es ist viel zu gemütlich, um aufzustehen. Das neue Frotteespannlaken, das ich mir vor kurzem gekauft habe, ist wirklich ganz was anderes. Was für ein Tag ist heute überhaupt? Mittwoch? Donnerstag? Wen kümmert's? Wenn du keinen Job hast, keinen festen Zeitplan, fließen die Tage ineinander. Als ich das erste Mal arbeitslos war, hat mir das eigentlich ganz gut gefallen. Ich habe viel ferngesehen. Nach dieser ersten Phase wurde es mir dann aber allmählich langweilig. Diesmal ist es noch schlimmer. Ich bin ziemlich frustriert. Es ist allerdings nicht so, daß ich den ganzen Januar und Februar auf der faulen Haut gelegen hätte, nein, ganz und gar nicht.

Nachdem ich beim CVJM aufgehört hatte, ist David nicht mehr lange bei seiner Wach- und Schließgesellschaft geblieben. Kurz nach Weihnachten hat er seinen Job aufgesteckt und auf einer Baustelle angefangen. Bei seiner Suche nach einem Job hat er für mich eine vorübergehende Beschäftigung in einer Privatschule gefunden. Ich habe eine Ausbildung als Kindergärtnerin, die Stelle sah also recht vielversprechend aus. Ich sollte mich um Zweieinhalb- bis Fünfjährige kümmern. Kein Problem. Bis ich entdeckte, welche Erziehungsmethoden man da anwandte. Als würde man Papageien dressieren – für Phantasie war da kaum Platz. Zu allem Überfluß fing ich mir auch noch eine schlimme Erkältung und einen fürchterlichen Husten ein. Ich war überglücklich, als meine drei Wochen um waren.

Jetzt bin ich wieder da, wo ich angefangen habe, nur ist es jetzt noch schlimmer: keinen Job und einen scheußlichen Husten, der mich die halbe Nacht wachgehalten hat, auch dann noch, als ich versucht habe, auf meinem Sitzsack zu schlafen. Meine Rippen tun fürchterlich weh. Offenbar hat es letztes

Wochenende angefangen, als wir in Schottland ein bißchen Urlaub gemacht haben, bei Davids Familie. Schon bevor wir losgefahren sind, habe ich mich nicht besonders wohl gefühlt, aber ich dachte, die frische Luft würde mir vielleicht guttun. Fehlanzeige. Um das Ganze noch schlimmer zu machen, habe ich wieder einmal einen Anfall von Soor (das ist eine Pilzinfektion).

Ich bräuchte dringend jemanden, der mich ein bißchen tröstet, aber es ist niemand da, der mich bedauern könnte. Mum und Pug sind in der Arbeit. Dad sitzt in seinem Arbeitszimmer und arbeitet. Rachel hat geheiratet, als Pug und ich siebzehn waren. Sie wollte uns als Brautjungfern haben, aber ich fand, daß wir albern aussehen würden. Ich mag es nicht, wenn Zwillinge gleich angezogen sind. Sie geben dadurch ihre Identität auf. Außerdem hatte ich was dagegen, daß Rachel von zu Hause wegging. Sie hatte für ihre Hochzeit unglaublich abgenommen, und man konnte überhaupt nicht mehr mit ihr knuddeln. Zwar kommt sie uns ziemlich regelmäßig besuchen, aber das ist nicht dasselbe.

Manchmal überlege ich mir, wie es sein wird, wenn Pug weggeht. Das wird zwar noch eine Weile dauern – ich kenne Pug ja. Pug, die Romantikerin. Bei ihrer Hochzeit muß alles »stimmen«. Ist schon komisch, wenn ich mir so überlege, daß wir beide mit jemandem gehen, der Dave heißt, obwohl ihr David ein paar Jahre älter ist als wir. Meiner ist vier Monate jünger, und das irritiert mich ziemlich.

Ein Gutes hat die Sache: Zumindest wird Joe zu Pugs Hochzeit nach Hause kommen. Zur Zeit ist es schwierig zu wissen, wo er gerade steckt. Als Journalist ist er fast nie hier. Eigentlich müßte ich mich ja daran gewöhnt haben. Früher war er während der Schulzeit auch nie daheim. Als Sohn und Erbe wurde er schon mit zehn Jahren ins Internat gesteckt.

Die Vorstellung, daß er eine Privatschule besucht, hat keinem von uns behagt, aber wir mußten uns damit abfinden. Er hatte eine Menge Schulschwierigkeiten, weil wir so oft umgezogen sind, als er noch klein war. Ich glaube, einmal hat er in einem Jahr dreimal die Schule gewechselt. Ich weiß, Mum hat sich geärgert, daß sie jedesmal eine neue Schuluniform kaufen mußte. Trotzdem, auf lange Sicht hat die Privatschule sich ausgezahlt. Er hat die mittlere Reife, das Abitur und einen akademischen Abschluß. Pug und ich mußten uns mit der mittleren Reife begnügen. Joe ist immer noch was Besonderes. Er hat mir sehr gefehlt, als er ins Internat ging, und auch jetzt vermisse ich ihn sehr. Es ist schön, einen großen Bruder zu haben, auch wenn er selber nicht gerade begeistert war, als er Zwillingsschwestern bekam.

So, jetzt ist's schon besser. Jetzt habe ich fast ein Lächeln zustande gebracht. Wird Zeit, daß ich aufstehe und mit dem Selbstbemitleiden aufhöre. Das hat mir noch nie gutgetan. Denk mal an Mrs. Richmond. Hast du die schon mal jammern hören? Mrs. Richmond kommt aus Lancashire und wohnt in einem Altersheim hier in der Nähe. Ihr Mann ist vor zwanzig Jahren gestorben, aber sie nimmt das Leben immer von seiner heiteren Seite. Sie ist für mich wirklich eine Offenbarung. Ich würde nicht sagen, daß sie nie Dampf abläßt. Sie kann manchmal ganz schön über die übrigen Heiminsassen herziehen, aber manche von denen gehen einem auch wirklich auf die Nerven, und sie bekommt nicht oft Besuch aus der Welt draußen. Wenn unsere Jugendgruppe sie einmal im Monat besucht, ist das für sie der Höhepunkt ihres Lebens. Offensichtlich läßt sie sich dadurch aber nicht unterkriegen; immer ist sie zum Lachen und Scherzen aufgelegt: An meinem Geburtstag habe ich sie besucht, und ich hätte diesen Tag gar nicht besser verbringen können. Sie ist wie eine Omi. Ich hoffe, daß ich in dem Alter auch so sein werde. Wenn ich mir's recht überlege, würde es mir schon jetzt gar nicht schaden, wenn ich nur halb so lebenslustig wäre wie sie. Was gäbe sie wohl drum, wenn sie noch einmal einundzwanzig sein könnte.

Pug und ich haben uns bis jetzt eigentlich nicht schlecht gehalten. Pug wollte an ihrem achtzehnten Geburtstag offiziell volljährig werden, aber ich habe beschlossen, damit bis zu meinem einundzwanzigsten zu warten. Wir wollten nicht, daß die Leute ihren Geldbeutel doppelt plündern müssen, aber die meisten schienen eher etwas irritiert zu sein, als sie nur einer von uns etwas schenken sollten.

Am Tag vor unserem Einundzwanzigsten sind wir in ein schickes Restaurant in Clapham gegangen. Die haben auf *nouvelle cuisine* gemacht, aber Pug und ich waren nicht sonderlich beeindruckt. Ich habe fünf Bröckchen Lammfleisch gegessen, die in Form einer Blume arrangiert waren, mit einer Bohne als Stengel, und dazu ein bißchen Gemüse. Später hat Mum uns eine Pizza gekauft, und die war viel billiger und besser und viel sättigender.

Wenn ich ein bißchen knapp bei Kasse bin, macht mir das, ehrlich gesagt, keine allzu großen Sorgen, auch wenn ich nur Arbeitslosengeld bekomme. Das ist immer noch mehr, als ich vorher je hatte. Es hat mir nie was ausgemacht, daß wir uns nicht viel leisten konnten, auch wenn ein bißchen mehr Taschengeld manchmal ganz praktisch gewesen wäre. Als ich noch in der Schule war, habe ich gelegentlich davon gesprochen, samstags arbeiten zu gehen, aber Mum war der Ansicht, das wäre zu anstrengend; ich sollte mich lieber auf die Schule konzentrieren. Mit sechzehn brauchte ich auf einmal viel Schlaf. Ich fand dieses Alter ziemlich schwierig. Ich war sehr einsam; ich tat mich schwer damit, Freundschaften zu schließen, und fühlte mich oft unverstanden.

Vielleicht genügt es ja, wenn man eine Zwillingsschwester hat. Aber trotzdem hat es Zeiten gegeben, in denen Pug und ich jede für sich sein mußte. In Fulham hatten wir zusammen ein Zimmer, aber jetzt in Ealing hat jede von uns ihr eigenes. Mein Zimmer ist mein Reich. An die Wand habe ich einen großen blauen Stern gemalt, und in der Mitte von dem Stern steht mein Name, nur für den Fall, daß jemandem nicht klar ist, daß das mein Territorium ist.

An der einen Wand habe ich einen Einbauschrank und ein Waschbecken; neben meinem Bett stehen ein Bücherregal und ein Plattenspieler und ganz in der Ecke eine Kommode. Gleich daneben sind auf einem Teewagen meine Schweinchen aufgebaut. Ich hänge sehr an meiner Schweinchensammlung. Angefangen habe ich damit, als ich ungefähr zehn war. Ich fand, daß Schweine wunderschöne Lebewesen sind, die es als Tiere reichlich schwer haben. Eines meiner ersten Schweinchen war Wilbur. Den habe ich von meiner Oma geerbt, als sie starb. Jetzt habe ich über sechzig, aus Keramik, Porzellan, Plastik, Wachs und Glas. Was immer Sie wollen – ich hab' es.

Meine Plüschtiere sitzen auf dem Boden, außer Scrubby, der in Rachels Zimmer umgezogen ist, weil er die gleiche Farbe hat wie die Einrichtung dort. Scrubby ist einer meiner Lieblinge. Ich habe ihn bekommen, als ich mir zum ersten oder zweiten Mal im Wormwood-Scrubs-Gefängnis ein Theaterstück angeschaut habe. Eine Frau aus der Gemeinde, die mit dem WRVS (Women's Royal Voluntary Service = Freiwilliges Frauenhilfswerk) zusammenarbeitete, hatte mich mitgenommen. Sie servierte in der Gefängniskantine, in die die Gefangenen mit ihren Frauen gehen, Tee und Kaffee und bekam immer Karten für die Theateraufführungen der »Lebenslänglichen«.

Bei meinem ersten Besuch dort war mir ziemlich komisch zumute. Hinter mir krachten die schweren Gefängnistore ins Schloß, und ich wußte, daß ich da nicht mehr rauskonnte. Dann kamen noch mehr Tore, ein äußerer Zaun, Stacheldraht, Rasierklingendraht, patrouillierende Wachen und Schäferhunde, die so aussahen, als seien sie zum Töten abgerichtet. Wir gingen dann weiter, durch die verschiedenen Gebäude, an Flügel A, B und D vorbei, und die Insassen riefen uns aus ihren Zellen Schimpfworte und anzügliche Bemerkungen zu. Ich sah das Brot und den Dreck – was sie eben so alles auf einen Haufen unter ihrem Fenster warfen. Ein Stückchen weiter hatten sie ein eigenes kleines Vogelhaus für Wellensittiche und einen Garten, für den sie zuständig waren.

Schließlich kamen wir in den Aufenthaltsraum im D-Flügel; dort standen Gefangene an der Tür, die uns begrüßten und zu unseren Plätzen führten. Ich mußte immerzu denken: »Diese Kerle sind Mörder und Sexualverbrecher«, auch wenn das das einzige war, wonach wir sie nicht fragten: warum sie da drinnen waren. In der Pause verkauften sie Weihnachtskarten und heiße Getränke. Einmal habe ich versucht, ein Glas Wasser zu bekommen, weil ich weder Kaffee noch Tee trinke, aber sie hatten nur heißes Wasser da und konnten nicht raus, um ein Glas kaltes Wasser zu holen. Sie haben immer Geld gesammelt, haben es den Leuten für Tombolas und Wohltätigkeitsveranstaltungen, meistens zugunsten von Kindern, abgeluchst. Einmal gaben sie eine Single heraus, und wir haben eine gekauft.

Einen hatten sie dort, der war ein sehr begabter Künstler; seine Bilder haben sie ebenfalls verkauft. Und dann gab es da diese Stofftiere, die die Gefangenen machten, oft für Kinder in der Umgebung. Ich schätze, es ist eine Möglichkeit, die Zeit totzuschlagen. Es ist ganz klar, sie wollen ihre Sache gut machen und investieren viel Liebe und Sorgfalt in das, was sie machen. Eigentlich gehört Scrubby mir *und* Pug; aber sie ist noch nie dort gewesen. Äffchen stammt auch von dort. Ich hatte auch ein Nilpferd bestellt, habe es aber nie bekommen. Die Leute zu Hause haben mich immer aufgezogen, wenn ich die Tiere aufschlitzen würde, kämen wahrscheinlich lauter Sägeblätter zum Vorschein. Ich habe mich auch immer gefragt, was ich wohl finden würde, wenn ich sie aufmache, aber ich kann mir nicht vorstellen, warum Gefangene so was *aus* dem Gefängnis schmuggeln sollten.

Ein Mann war dort, der sah unglaublich gut aus. Er kann nicht älter als fünfundzwanzig gewesen sein. Später haben wir herausgefunden, daß er ein Mörder war. Ich glaube, es war ein Verbrechen aus Leidenschaft. Nach einer der Aufführungen haben wir uns mit ihm unterhalten und erwähnt, daß er im Gesicht brauner sei als beim letzten Mal. »Das kommt nicht von der Sonne«, meinte er. »Das ist nur Make-up. Ich glaube nicht, daß ich so bald wieder Urlaub machen kann.« Ich fand es gut, daß er sich mit den Gegebenheiten abfand und auch noch Witze darüber machen konnte.

Wir sehen uns alle Theateraufführungen an. Jedes halbe Jahr findet eine statt. Und zwei- oder dreimal waren wir bei einem Weihnachtsgottesdienst. Die sind ganz anders organisiert. Wir brauchen die Genehmigung des Innenministeriums, um daran teilnehmen zu dürfen. Alle Gefangenen, die wollen, dürfen da hin, obwohl die Teilnehmerzahl oft davon abhängt, welcher Film zur gleichen Zeit im Fernsehen läuft. Die Gefängnisaufseher sitzen mit ihren Walkie-talkies an den Wänden, und manche von ihnen sehen gewalttätiger und aggressiver aus als die Gefangenen. Bei denen kann man auf den ersten Blick sagen, welche in Untersuchungshaft sind: Sie haben entweder braune Gefängniskluft oder ihre eigenen Sachen an. Alle anderen sind blau oder grau gekleidet. Zwischen uns ist kein großer Abstand, nur ein, zwei Meter. Freunde von den Gefangenen können anschließend zu ihnen hingehen und sich mit ihnen unterhalten. Es herrscht eine angenehme Atmosphäre.

Das Ende des ersten Abends fand ich schwierig. Die Häftlinge mußten nach der Theateraufführung alle in ihre Zellen zurück, während ich durch die Tür hinausgehen konnte. Ich war frei. Es war irgendwie ein Schock, als ich mir klarmachte, daß sie *nicht* frei waren. Auf diese Weise habe ich zu schätzen gelernt, was ich habe: ein hübsches, helles Zimmer ganz für mich allein, in einem schönen Haus mit fünf Schlafzimmern, das ungefähr zwanzig Jahre alt ist. Das Pfarrhaus besteht aus sandfarbenem Backstein, und an der Fassade, an den Fenstern von Dads Arbeitszimmer und Rachels Schlafzimmer entlang, wächst Efeu.

Ich bin froh, daß mein Zimmer nicht nach vorne rausgeht. Aus irgendeinem Grund war ich nie scharf auf Rachels Zimmer, das jetzt als Gästezimmer dient. Ich weiß nicht, ob es daher kommt, daß es wegen der Bäume neben der Einfahrt ziemlich düster ist, oder aber weil man von dort aus die Kirche sieht. Prinz Charles hat gut reden über die Auswüchse der modernen Architektur – St. Mary's reicht völlig aus, daß sich einem der Magen umdreht. Ursprünglich war die Kirche georgianisch, aber dann wurde sie von den Viktorianern »verschönert«. Sie ist wirklich häßlich, und die Instandhaltungs- und Reparaturarbeiten verschlingen eine halbe Million. Das Problem ist, daß sie für die Denkmalschützer irgendwie interessant ist, obwohl ich mir beim besten Willen nicht vorstellen kann, warum. Auch wenn jemand sie niederbrennen würde – und wir waren wirklich in Versuchung, das zu tun –, müßte man sie Backstein für Backstein wieder aufbauen.

Es ist wirklich gut, daß die eigentliche Kirche Leute sind und nicht Gebäude. Jeden Sonntag kommen ungefähr drei- oder vierhundert zum Gottesdienst, darunter ein harter Kern, den ich ziemlich gut kenne. Am häufigsten komme ich mit den Leuten von der Jugendgruppe zusammen, die sich an den Sonntagabenden beim Hilfspfarrer treffen, um wichtige soziale Themen zu diskutieren.

Mit Chris, einem ehemaligen Hilfspfarrer, habe ich mich ziemlich gut verstanden – sobald ich den ersten Schock überwunden hatte, daß er im Ferienlager in Frinton gearbeitet hatte und meine Geschwister kannte. Joe war früher in seiner Gruppe gewesen, und auch meine beiden Schwestern gingen regelmäßig hin. Ich war einmal dort und fand es grauenhaft. Chris mußte sich wirklich anstrengen, um mich zu überreden, daß ich mit ihm zusammen in dem Ferienheim in Wales arbeite. Ich dachte mir, es würde genauso wie in Frinton werden. Chris hat sich meine Ansichten angehört, sie aber schnell zurechtgerückt. Es war gut, daß ich mit ihm reden konnte. Er war für mich wie ein großer Bruder, solange er hier war, aber jetzt sind sie weggezogen. Eine seiner kleinen Töchter ist mein Patenkind. Ich muß sie mal besuchen, sobald das Wetter besser wird. Sie wohnen nicht weit von der Küste, und vielleicht könnte ich sogar ans Meer fahren. Ich liebe den Strand und freie Flächen.

Das ist ein weiterer Vorteil davon, daß ich auf der Rückseite des Hauses wohne: Mein Fenster geht auf den Garten – hauptsächlich Rasen und Weißbirken. Dahinter ziehen sich über 500 Meter Schrebergärten hin. Ich schätze, wir können uns freuen, daß wir in London eine so große freie Fläche haben, aber was mir nicht so gefällt, sind die vielen schmalen Gartenwege hier in der Gegend und die Tatsache, daß das Haus so weit abseits von der Straße liegt. Das ist nur dann günstig, wenn wir eine Party feiern: Es gibt keine meckernden Nachbarn. Ansonsten weiß man nie, wer sich da herumtreibt. Ständig sieht man Eltern in die Schule nebenan gehen oder von dort kommen, Leute aus den Wohnungen am anderen Ende unserer Auffahrt, die eine Abkürzung nehmen, oder Betrunkene aus der Kneipe am Ende der Straße. Nicht selten erleichtern sie sich auf dem Kirchhof. Ich glaube nicht, daß die Leute noch so scharf darauf wären, ihr Hochzeitsphoto an bestimmten Stellen aufnehmen zu lassen, wenn sie wüßten, was da los ist, wenn niemand in der Nähe ist. Es öffnet einem ganz schön die Augen, wenn man in einem Pfarrhaus wohnt, besonders in einer Gegend mit einer so gemischten Bevölkerung wie in Ealing.

Die meisten Schulkinder kommen über die Fußgängerbrücke aus der Siedlung auf der anderen Seite der Bahnlinie. Sie heißt Baumsiedlung, und die Straßen sind nach Bäumen benannt. Mandelbaum, Maulbeerbaum, Zeder, Kastanie. Ich weiß nicht, ob man welche gepflanzt hat, als die Siedlung gegründet wurde, die dann alle mutwillig abgeschlagen wurden, oder ob sie deswegen so heißt, weil hier früher einmal Obstbäume standen. Jetzt gibt es hier nicht mehr viele Bäume. Aus diesem Bezirk gehen nur wenige Leute in die Kirche, obwohl er zu unserer Gemeinde gehört.

Unsere Gemeindemitglieder kommen eher aus den etwas wohlhabenderen Häusern in den Nebenstraßen, die von der Hauptstraße abgehen. Eigentlich ein typischer Londoner Vorort. Es gibt jede Menge Eigenheime – teilweise ziemlich groß –, vor allem in einigen der Straßen, die auf unserer Seite der Bahnlinie an den Schrebergärten entlang und dahinter verlaufen. Neil Kinnock wohnt nur ein paar hundert Meter von der Kirche entfernt, und die alten Ealing Studios sind ein Stück weiter die Straße hinauf, hinter dem Haus des CVJM. Wir haben zwei Parks, den Lammas- und den Walpole-Park, wo man ohne weiteres zu Fuß hingehen kann, und ein ausgedehntes Freigelände, Gunnersbury Park, südlich von der Sozialsiedlung.

Wenn ich einkaufen gehen will, gibt es in Süd-Ealing eine Menge kleiner Läden; auf der Hauptstraße von Ealing dagegen sind die Kaufhäuser und ein großes Einkaufszentrum. Dort befinden sich auch die Büros des Gesundheits- und Sozialamts. Wenn ich mich nicht irre, ist David heute morgen da hingegangen. Ich bin jetzt ein bißchen klarer im Kopf, nachdem ich Zeit hatte, ganz langsam wach zu werden. So, jetzt will ich mal Ordnung in meine Gedanken kriegen: David und ich sind am Freitag nach Schottland gefahren; das war der letzte Februartag. Samstag war der 1. März. Sonntagabend sind wir in einer Gewalttour zurückgefahren. Und am Montag bin ich abgestürzt. Am Dienstag ist Dave zur Arbeit, war aber nicht so ganz fit. Dann hat man ihm nicht den Lohn gezahlt, den man ihm versprochen hatte, und er ist einfach gegangen. Am Mittwoch hat er sich arbeitslos gemeldet. Heute muß Donnerstag sein. Also... muß heute der 6. März sein.

Jetzt ist alles schon etwas klarer. Dave hat sich wahrscheinlich inzwischen beim Arbeitsamt gemeldet und kann jeden Augenblick zurückkommen. Er haßt es, arbeitslos zu sein, und wird nicht wissen, was er mit sich anfangen soll. Er wird nicht lange allein in seinem Zimmer im Heim rumhängen wollen, das steht mal fest. Ich muß aufstehen und mich anziehen.

Anziehen – aber was? Das ist das Problem. Der Doktor hat mir geraten, keine Jeans zu tragen, damit überall Luft hinkommt, wegen dieser blöden Pilzgeschichte. Dann habe ich keine große Auswahl. Ein leichtes Sommerkleidchen im März, das wird ein bißchen komisch aussehen, auch wenn ich einen Pullover drüberziehe. Aber so muß es gehen – und auch mit meinem Bikini-Top. Im Augenblick kann ich keinen BH ertragen. Gut, daß ich nirgends hin muß. Und vielleicht von einem Bus überfahren werde. Ich muß nur aufpassen, daß Dave nicht auf dumme Gedanken kommt. Und wenn doch? Er kennt meinen Standpunkt – zumindest sollte er das mittlerweile.

Kapitel drei

Bis zu einem von den kleinen Sofas im Wohnzimmer, gegenüber der Wand, an der Omas Drucke mit viel militärischen Motiven hängen, hab' ich es geschafft. Die Birken draußen im Garten sind noch kahl. Es wird wohl noch einige Zeit dauern, bis es wirklich Frühling ist. Die Schiebetür aus Holz zwischen Wohn- und Eßzimmer ist fest geschlossen. Wenn ich die Energie aufbrächte, könnte ich eigentlich einen Brief schreiben – aber das schaffe ich nicht. Die unruhige Nacht hat mir den Rest gegeben. Ich kann höchstens fernsehen.

Hoffentlich fühlt Dave sich heute ein bißchen besser. Sieht ihm gar nicht ähnlich, daß er nicht gut beieinander ist. Ich habe nur ein einziges Mal erlebt, daß es ihm schlechtging, und das war, als ich ihn überredet hatte, mit mir zum Blutspenden zu gehen. Ich wollte irgendwas von dem Doktor wissen, und das nächste, was ich mitkriegte, waren sechs Krankenschwestern und ein Arzt, die um Dave herumschwirrten; sie hielten ihm den Kopf und hielten ihm eine Schale hin, falls er sich übergeben müßte. Und dann haben die die Frechheit, die Frauen das schwächere Geschlecht zu nennen. Er meinte, er sei ohnmächtig geworden, weil er die Nacht durchgearbeitet hatte, aber irgendeine Entschuldigung mußte er ja haben. Ohnmächtig zu werden tut dem männlichen Ego bestimmt nicht sonderlich gut.

Ich hab' es mir dann zweimal überlegt und war schon nahe daran, nein zu sagen, als der Doktor mich fragte, ob ich bereit wäre, Blut zu spenden. Seit jeher verabscheue ich alles, was mit Krankenhaus oder Blut zu tun hat, und es war nur wegen des ungeheuren Bedarfs an Blutspendern, daß ich mich überhaupt dazu aufgerafft hatte, mich freiwillig zu melden.

Und das kleine Drama mit Dave war ja auch noch nicht das Ende von der Geschichte. Ich selber kriegte auch noch eins auf den Deckel. Ich hatte keinerlei Probleme, als sie mir mein Blut abzapften, legte mich die üblichen fünfzehn Minuten hin und ging dann zu Dave, der sich noch ausruhte. Wir plauderten ganz vergnügt miteinander, als eine der Schwestern kam und mit sehr lauter Stimme verkündete, ich solle verschwinden – meine Anwesenheit würde Daves Blutdruck in die Höhe jagen. Da soll man sich nicht komisch vorkommen. Ehe sie ihn gehenließen, schärften sie Dave noch ein, wenn er das nächste Mal Blut spenden wolle, solle er vorher richtig schlafen und was Ordentliches essen. Ich glaube, das konnte er sich auch selber zusammenreimen.

Er macht schon was her, mit seinem guten Aussehen, seinen sanften braunen Augen und seinem freundlichen Wesen. Und er will es zu was bringen. Vor ein paar Jahren hat er sich entschlossen, Polizist zu werden. Er achtet und respektiert die Polizei und will etwas für seine Mitmenschen tun. Weiß der Himmel, was aus mir wird! Was die Arbeit und das Ferienlager betrifft, hatte ich immer eine verantwortungsvolle Stellung, aber eigentlich weiß ich nicht so recht, was ich aus meinem Leben machen soll. Meine Wunschträume sind bei weitem nicht so ernsthaft wie die von Dave: Ich möchte gerne in einem Heißluftballon fliegen und das Große Barriereriff sehen.

Wahrscheinlich war es Mum, die mir den Floh mit Australien ins Ohr gesetzt hat. Sie war mit drei Jahren dort und hat im Zoo von Sydney einen Koalabären und andere aufregende Sachen gesehen. Ein bißchen was vom Großen Barriereriff weiß ich aus dem Fernsehen. Ich finde es wunderschön und würde es wahnsinnig gerne selber mal sehen. Es muß aufregend sein, in einem Heißluftballon aufzusteigen. Ich liebe es, den Wind so richtig zu spüren. Ich steige gerne auf Hügel. Dabei ist es nicht so sehr das Hinaufwandern, sondern wenn ich dann oben stehe und der Wind mich so richtig durchbläst, all die dummen Gedanken wegscheucht.

Einmal sind Dave und ich im Gunnersbury Park spazierengegangen und haben uns gegenseitig ausgefragt, was wir eigentlich für Vorstellungen und Ziele haben. Es hat gutgetan, ein bißchen mehr vom anderen zu erfahren. Obwohl wir uns auch sonst viel miteinander oder mit Freunden unterhalten. Wir stellten fest, daß wir ziemlich viel gemeinsam haben. Er hat mal auf einem Bauernhof gearbeitet, und ich interessiere mich für Landwirtschaft. Beide mögen wir Tiere. Ich glaube, er mag die Musik aus den sechziger Jahren, aber ganz sicher bin ich mir nicht. Mir gefällt sie jedenfalls sehr. Er liest gerne, und er mag Motorräder; deshalb würde er sich wahrscheinlich gut mit meinem Bruder verstehen. Solange ich zurückdenken kann, war Joe immer ganz verrückt nach Rennautos, und meistens schreibt er auch über dieses Thema.

Das einzige, worin Dave und ich nicht einer Meinung sind, ist der christliche Glaube. Trotzdem sprechen wir oft darüber, und er hat sogar angefangen, ein paar Bücher zu diesem Thema zu lesen. Er weiß, wie wichtig mir das ist. Es ist nicht einfach etwas, das ich eben mitmache, weil mein Vater Pfarrer ist. Ich bin immer zur Kirche gegangen, aber meine eigentliche Entscheidung, Christus nachzufolgen, datiere ich auf die Zeit, als ich zwölf war. Ich war von zu Hause weg, in einem Ferienlager, und in der Zeit, als wir dort waren, fiel der Sohn von unserem Gruppenleiter in einen Fluß und ertrank. Man hat seine Leiche erst eine Woche später gefunden, aber die ganze Familie blieb im Ferienlager – seine Mutter, sein Vater und seine Schwester, die ungefähr zehn war. Am Ende der Ferien fragte der Leiter des Ferienlagers, ob einer von uns während dieser Zeit etwas gelernt hätte, und da ist die Schwester von dem Jungen aufgestanden. Ihr Bruder war fünf Tage vorher ums Leben gekommen, aber sie hat als erste gesagt, daß sie etwas gelernt hatte. So wie sie wollte ich auch sein, und in genau diesem Augenblick habe ich beschlossen, gläubige Christin zu werden. Ich vertraute völlig darauf, daß alles in Gottes Hand liegt. Daß er mich liebt und immer da ist, mehr als irgend jemand oder irgend etwas sonst. Was auch geschieht.

Von da an hat der christliche Glaube alles beeinflußt, was ich dachte oder tat, einschließlich Sex. Dad konnte ganz beruhigt sein. Sex gehört zur Ehe. Nicht, weil er das in einem Buch gesagt hat, das er vor zwanzig Jahren geschrieben hat, sondern weil Fürsorglichkeit, Rücksichtnahme und Verantwortungsbewußtsein Werte sind, die in der Bibel niedergelegt sind. Obwohl sie Jahrhunderte vor Dads Beitrag zu diesem Thema geschrieben wurde, hat sie der heutigen Gesellschaft noch sehr viel zu sagen. Nichts, aber auch gar nichts könnte mich dazu bringen, ihre Lehren ernsthaft anzuzweifeln. Vor allem wenn ich sehe, was für einen Verhau manche Leute aus ihrem Leben machen, nur weil sie einfach das tun, wonach ihnen gerade ist. Auf der Oberschule konnte ich kaum glauben, wie naiv die Mädchen waren, was Verhütung betraf, obwohl sie mit Jungen schliefen.

Ich weiß, daß viele Leute meine Einstellung nicht teilen, einschließlich Dave, aber er respektiert meinen Glauben. Nur ein einziges Mal habe ich mich in einer Situation befunden, in der ein Junge mich dazu hätte bringen können, vom richtigen Weg abzuweichen. Er sagte, er fände mich physisch unglaublich anziehend, und ich empfand das gleiche für ihn. Ich war stark in Versuchung, alles zu verraten, woran ich glaubte. Damals ist mir klargeworden, wie gut diese Trennlinie ist. Seit damals bin ich entschlossener denn je, dafür zu sorgen, daß die Leute wissen, wofür ich mich entschieden habe, und daß ich mich daran halte. Ich amüsiere mich gerne, aber wenn es darauf ankommt, kennen sie meinen Standpunkt, und mit dem müssen sie sich eben abfinden.

Das heißt nicht, daß ich deswegen nichts mehr mit Männern zu tun haben will. In die meisten Männer, die ich zu meinen Freunden zähle, war ich zuerst verknallt. Mein Name bedeutet eigentlich »Liebchen«, und man hat mich oft so genannt, sehr zu meinem Verdruß. Wie, um alles in der Welt, soll man mit dem anderen Geschlecht umgehen? Nie erklärt einem das jemand richtig. Mum und Dad haben uns über das rein Körperliche aufgeklärt und uns Bücher zu diesem Thema gegeben. Den Rest habe ich im Fernsehen, von Schulfreundinnen und in der Jugendgruppe aufgeschnappt. Was mir Kopfzerbrechen macht, ist, wie man herausfindet, was im anderen vorgeht, ob er mich als Freundin betrachtet oder aber alles mögliche in die Beziehung hineinprojiziert.

Nehmen wir nur mal David. Ich hoffe, er baut sich nicht allzu viele Luftschlösser, seitdem er ein Auto gemietet und mich nach Schottland mitgenommen hat, um seine Familie kennenzulernen. Ich bin gerne mit ihm zusammen, und nicht um alles in der Welt möchte ich ihm weh tun, aber ich bin mir nicht sicher, ob es richtig wäre, ihn zu heiraten, auch wenn ich selber manchmal in solchen Träumen schwelge. Ich wollte immer schon heiraten und Kinder haben. Warum, weiß ich eigentlich nicht. Mit kleinen Kindern kann ich nämlich nicht besonders gut umgehen. Babys scheinen immer genau dann zu schreien, wenn ich in der Nähe bin. Mir sind sie lieber, wenn sie älter sind – ich finde, sie sollten so ungefähr drei Jahre alt sein, wenn sie auf die Welt kommen. Alle Leute sagen, wenn man selber welche hat, sei das etwas ganz anderes. Ich muß ihnen das wohl glauben und mich darauf verlassen, daß es stimmt. Irgendwann einmal. Aber nicht jetzt. David und ich wissen noch viel zu wenig voneinander. Auch wenn wir schon mehr als sechs Wochen miteinander gehen, wir könnten das Ganze leicht kaputt machen, wenn wir es zu ernst nehmen.

Trotzdem, Schottland war toll, und es war nett, seine Familie kennenzulernen. Seine Mum und seinen Dad, zwei Brüder, seine Schwägerin, seine Nichte und den schwarzen Labrador. David hatte mir schon ziemlich viel von ihnen erzählt, es war also ganz gut, daß wir sie besucht haben, auch wenn es nur eine Stippvisite war. Unseren Ausflug am Samstag habe ich genossen. Alle hatten mir erzählt, Männer in Kilts oder mit Dudelsäcken seien eher die Ausnahme als die Regel. Ich habe beide Exemplare gesehen.

Die Geschichte mit dem Wagen, die an dem Abend passiert ist, war nicht ganz so lustig. David war nur kurz in einen Laden gegangen, als ein anderes Auto hinten in unseres reinfuhr. Ich habe mich sofort umgedreht, um zu sehen, was passiert war, und um mir die Nummer zu merken. Mir war klar, daß die Leihfirma nicht gerade erbaut sein würde, wenn ihr Wagen beschädigt war, und es war mein Geld, von der Bausparkasse abgehoben, das sie als Kaution hatten, weil Daves Lohn nicht rechtzeitig gekommen war. Ich habe versucht, irgendwas zum Schreiben zu finden, um mir die Autonummer zu notieren, aber schließlich ist mir nichts anderes übriggeblieben, als mich auf mein Gedächtnis zu verlassen. Leider war es nicht in Höchstform. Ich hatte kurz vorher Hustensaft getrunken und war ein bißchen benebelt. Normalerweise mache ich regelrecht einen Sport daraus, mir Dinge zu merken. Es ist eine Art Spiel. Ich erziehe mich dazu, auf Details zu achten, wenn ich zwielichtige Gestalten herumhängen sehe. Was hat er an? Wie sieht sein Jackett aus? Hat er irgendwelche auffälligen Merkmale? So in der Art.

Als David zurückkam, hat er sich den Schaden sofort angesehen. Der Wagen hatte eine Delle, und eine schwarze Plastikstoßstange war daran entlanggeschrammt. Wir haben uns überlegt, ob wir zur Polizei gehen sollen, aber ich war der Ansicht, daß sie möglicherweise bezweifeln würden, ob ich mir, nachdem ich das Medikament genommen hatte, die Nummer überhaupt richtig merken konnte, und da ich mich mit Autos nicht besonders gut auskenne, konnte ich den Wagen nur so ungefähr beschreiben. Später haben wir ihn dann ganz zufällig entdeckt. Nicht weit von Davids Haus geparkt. Dave ist rein, um mit dem Eigentümer zu reden. Der hatte sich natürlich schon eine Geschichte ausgedacht, aber seine Stoßstange war beschädigt.

Das wäre eigentlich genug Aufregung für ein Wochenende gewesen, aber es kam noch dicker. Auf dem Heimweg sind wir mitten in einen fremden »Ehekrach« hineingeraten. Wir hatten beschlossen, über Liverpool zurückzufahren, weil ich David zeigen wollte, wo ich die ersten zweieinhalb Jahre meines Lebens verbracht habe. Es war schon nach elf, als wir von seinen Eltern losfuhren, und wir haben es tatsächlich geschafft, uns um zwei Uhr nachts in den Nebenstraßen von Liverpool zu verfahren. Wir fuhren gerade durch Walton, als wir einen Mann sahen, der eine Frau schlug. David stieß zurück und forderte den Mann auf, sie in Ruhe zu lassen. Der Mann erklärte, es handle sich um einen »Ehestreit«, aber er hörte auf, die Frau zu schlagen, und sie konnte wegrennen. David bot ihr an, sie ein Stück mitzunehmen, aber sie wollte nicht, also sind wir ihr lediglich im Wagen gefolgt, bis wir sicher waren, daß sie außer Gefahr war.

Mittlerweile wußten wir überhaupt nicht mehr, wo wir waren, und fuhren nur noch Umleitungsschildern nach. Ich machte mir allmählich schon Sorgen, aber erstaunlicherweise schafften wir es in die Shaw Street, meine alte Straße. Das Haus haben wir uns nur ganz kurz angesehen. In der Nähe stand ein Streifenwagen, und wir wußten nicht, was die von zwei verdächtigen Gestalten halten würden, die mitten in der Nacht in einer so heruntergekommenen Gegend rumkurvten.

David war fürchterlich müde, also hielten wir bei den Docks, damit er ein bißchen schlafen konnte. Aber daraus wurde nichts. Er konnte sich nicht richtig entspannen, deshalb beschlossen wir weiterzufahren. Wir schafften es auf den letzten Drücker, nachdem wir uns auf der Autobahn durch das übliche Chaos während der morgendlichen Stoßzeit durchgekämpft hatten. Der Mann von der Leihfirma war trotzdem nicht gerade erfreut, gab uns aber schließlich, zu unserer großen Erleichterung, die Kaution zurück. Wenn die Abmachung hinfällig gewesen wäre, hätten wir nach Meilen bezahlen müssen, und da wir über tausend Meilen gefahren waren, wären wir restlos pleite gewesen. Ich dachte, damit wäre es nun genug, aber als wir in der U-Bahn unsere Koffer in das Gepäcknetz wuchteten, ließ ich eine von den Taschen fallen. In der Tasche war eine Flasche Irn Bru, ein bernsteinfarbenes schottisches Getränk, das David sehr gerne mag und das sich jetzt über meine Kleider und meine Fäustlinge ergoß.

Ist es da ein Wunder, daß ich für etliche Stunden schlichtweg abgestürzt bin und mich immer noch ziemlich scheußlich fühle, vor allem wegen der Husterei und der Rippenschmerzen? Ich habe nicht einmal die Energie aufgebracht, das Geld zur Bausparkasse zurückzubringen. Ich muß morgen versuchen, mich aufzuraffen. Wir haben nie größere Geldsummen im Haus. Wenn man in einem Pfarrhaus wohnt, weiß man nie, wer als nächster hereinschneit. Gestern waren es Leute von der Britischen Telekom, die neue Telephone installierten. Jetzt haben wir eines im Arbeitszimmer, eines in der Küche und eines im Schlafzimmer von Mum und Dad. Das dürfte ganz praktisch sein, wenn ich einmal das Bedürfnis habe, mich von Jim oder Chris ein bißchen trösten zu lassen. Jim gehört eindeutig in die Kategorie »verknallt«. Mir ist ziemlich schnell klargeworden, daß nichts aus uns wird, aber er bringt es nach wie vor fertig, daß ich mich bei ihm wohl fühle. Wir unterhalten uns oft miteinander, und ich weiß, daß ich mit ihm offen reden kann. Er hat ein Talent dafür, anderen Mut zu machen, und oft gibt er einem einen wirklich guten Rat. Manchmal hab' ich ihn dafür sehr gemocht, manchmal auch gehaßt, aber wir sind Freunde geblieben.

Mit ein paar von meinen Freunden tut David sich schwer, also paß' ich lieber auf, was ich sage, wenn er in der Nähe ist. Ah, wenn man vom Teufel spricht... Das war die Türglocke. Ich schätze, ich mache besser auf, auch wenn Dads Arbeitszimmer gleich neben der Haustür ist. Dad hat große Schwierigkeiten, Dave zu verstehen. Kein Wunder eigentlich – Daves Leute leben in Cumbernauld, in der Nähe von Glasgow, sie haben also alle einen ziemlich starken Akzent, obwohl ich Dave gelegentlich aufziehe, daß ich genauso ein Nordlicht bin wie er. Aber heute lieber nicht. Das wäre zu anstrengend.

Kapitel vier

Wir brauchen nicht lange, um uns zu entscheiden, was wir tun wollen. Wir haben eine Doppelfolge von »Dallas« auf Video. Der Teil, in dem Bobby in die Dusche zurückkommt. Und ich hab' immer gedacht, Pug hätte eine blühende Phantasie. Um halb eins schalten wir aufs Fernsehen um. »The Sullivans«. Die andere Hälfte von »Dallas« kann warten. In dieser Angelegenheit hat David nicht viel zu melden. Ich mag die »Sullivans«. Eine gut gemachte historische Soap-opera. Ganz im Gegensatz zu so einigem anderen, das ausgestrahlt wird.

Kaum haben wir es uns bequem gemacht, läutet es schon wieder. Für zwei Uhr ist ein Mitarbeitertreffen angesagt. Die können das doch noch nicht sein? Es ist erst dreiviertel eins. Ich bin vorhin an die Tür; jetzt soll Dad aufmachen. Wenn ich überhaupt irgendwo hingehe, dann aufs Klo. Seit ungefähr elf Uhr muß ich eigentlich, aber bis jetzt habe ich mich noch nicht dazu aufraffen können. Es ist so gemütlich und friedlich hier, an David gekuschelt. Sicher. Angenehm.

Ah, na schön, alles Schöne hat einmal ein Ende. Gerade war ein Handwerker im Zimmer. Ich hab' gar nicht gewußt, daß noch was gerichtet werden muß. In den letzten paar Monaten ist das Haus von Handwerkern regelrecht gestürmt worden; wird allmählich Zeit, daß alles richtig funktioniert. Jetzt kommt ein zweiter Mann ins Zimmer. Die werden doch hoffentlich nicht hier drin was richten müssen. Dad hat nichts dergleichen erwähnt.

Irgendwas stimmt da nicht. Der Mann zückt ein großes Küchenmesser. Sagt, wir sollen aufstehen. Das sind keine Handwerker. Ich rapple mich hoch und gehe zum Arbeitszimmer, in die Richtung, in die der Mann zeigt. David kommt mir nach. Mann 2 packt ihn und zieht ihn den Gang entlang; er haut David mit der Hand ins Gesicht und auf den Kopf. Was ist hier eigentlich los?

Im Arbeitszimmer liegen ein paar umgestülpte Geldkassetten auf dem Schreibtisch; Dad sitzt davor: Ein dritter Mann richtet drohend ein langes Messer auf ihn. Der eine, den ich irrtümlich für einen Handwerker gehalten habe, geht hin und her und erteilt Befehle. Er wirkt älter als die beiden anderen, aber das ist schwer zu sagen. Sein Gesicht ist zum größten Teil von einer dunklen Skimütze verdeckt. Nur die Augen sind zu sehen. Sie wirken irgendwie komisch, obwohl ich nicht genau weiß, woran das liegt. Das alles ist so unwirklich. Irgendwie sind »Dallas« und das normale Alltagsleben durcheinandergeraten. Nur: Für »Dallas« ist das hier nicht spektakulär genug, und es macht mir mehr Angst als irgend etwas, das ich je erlebt habe.

Schnell setze ich mich auf den nächstbesten Stuhl. Mann 2 hat David ins Zimmer gestoßen und ist offenbar nicht sonderlich erbaut über das, was die anderen gefunden haben. Er drückt das Messer gegen mein Kinn und droht, mir die Kehle durchzuschneiden, wenn Dad ihm nicht sagt, wo das Geld aufbewahrt wird. Das ist lächerlich. Falls dieser Kerl mir wirklich die Kehle durchschneiden will, wird er nicht sehr weit kommen, wenn er das Messer gegen mein Kinn drückt. Ruhig, Mädchen. Dreh jetzt nicht durch. Nur ruhig bleiben. Dad erklärt ihnen, daß kein Geld da ist – wir sind hier in einem Pfarrhaus. Als ob das zu übersehen wäre. Es steht in fünfzehn Zentimeter großen Buchstaben über der Eingangstür. Halt den Mund, Dad. Bleib ganz ruhig. Diese Kerle sind offensichtlich high, vor allem die beiden jüngeren, die unbeherrschter, aggressiver wirken. Die hören nicht, wenn du ihnen mit Vernunft und mit Strenge kommst.

Mann 1 wird aktiv. Er packt mich am Arm und erklärt, daß wir nach oben gehen, um nach Schmuck zu suchen. Auch er ist mit einem Küchenmesser bewaffnet. Mir bleibt nichts anderes übrig, als vorauszugehen. Mein Zimmer liegt gegenüber vom Treppenabsatz. Er schaut sich mein bißchen Krimskrams an, wirft die Sachen dann aber wieder in die Schublade, als seien sie nicht der Mühe wert oder als wolle er sie nicht behalten, weil sie mir gehören. Er scheint überrascht zu sein, daß David und ich zu Hause sind. Ich habe eindeutig den Eindruck, daß er nur mit meinem Vater gerechnet hatte.

»Vergiß nicht, ich war nett zu dir«, sagt er. »Sag den anderen nichts davon.« Er hat einen Londoner Akzent. Er ist stämmig, hat einen Bauch und ist ein bißchen kleiner als ich. Ungefähr einsachtundsechzig, würde ich sagen. Mir ist vorhin aufgefallen, daß einer der Männer eine Tätowierung auf den Knöcheln von drei Fingern hat. Irgendwas wie MAR. Ich versuche, es genauer zu sehen, als wir im Schlafzimmer von Mum und Dad sind, aber er durchwühlt mit seinen Fingern so schnell Mums Schmuck, daß ich mir nicht ganz sicher bin. Offenbar weiß er, wonach er sucht. Ein Profi. Mums goldene Uhr, der Ring mit den Rubinen und die goldene Kette sind wahrscheinlich viel mehr wert als mein Schmuck, der hauptsächlich aus Silber ist. Er bricht ein paar Schatullen auf und leert den Inhalt der Schubladen des Nachtschränkchens auf das Bett, aber da ist kaum mehr was drin, das ihn interessiert. Er ist fertig.

Unten hängen Dad und David die Hosen um ihre Knöchel, und Mann 2 und 3 bewachen sie. Mann 2 will anscheinend nicht glauben, daß Mann 1 alles hat. Er fängt an zu brüllen und zu fluchen. Ich komme kaum dazu zu sehen, was los ist, als ich schon wieder weiter muß. Diesmal ist es Mann 2, der mir, das Messer in der Hand, befiehlt, nach oben zu gehen. Er sagt, er will noch mal nachsehen, aber er stößt mich in Rachels Zimmer. Da drinnen ist nichts, außer Scrubby und einem Stapel ordentlich zusammengefalteter Wäsche auf dem Bett. Was soll ich ihm zeigen? Was will er von mir?

Nein. Nicht das. Bitte. Er droht mir mit dem Messer. Befiehlt mir, mich auszuziehen. Langsam ziehe ich meinen weißen Pullover mit dem V-Ausschnitt über den Kopf. Das ist die Angst, mit der jede Frau großgeworden ist, seit der Zeit, als wir alt genug waren, daß man uns warnte, nicht mit Fremden zu sprechen. Mit gutem Grund. Ich hatte in London bereits drei unangenehme »Zwischenfälle« erlebt. Wie eine Komikserie laufen sie in meiner Erinnerung ab, schnell und bruchstückhaft. Nur daß es bei dieser Bilderfolge nichts zu lachen gibt. Das erste Mal, ich war damals neun, war ich mit meinem Bruder und meiner Schwester im Londoner Zoo. Ich sah gerade zu, wie die Seehunde gefüttert wurden, als ein fetter Mann kam und sich hinter mich stellte; er schob seine Hände unter meine Kleider und schnaufte laut. Es war grauenhaft. Ich hatte das Gefühl, ich müßte ersticken. Ich stand gegen das Schutzgeländer gepreßt, wie festgenagelt, und konnte mich nicht von der Stelle rühren, bis die Menge sich zerstreute und ich davonlaufen und meinen Bruder suchen konnte.

Beim zweiten Mal hatte ich zwar gerade die Oberschule abgeschlossen, aber ich war trotzdem wie gelähmt, als mir im Walpole Park plötzlich ein Mann nachging. Er redete unaufhörlich auf mich ein, fragte mich, ob ich mit ihm ausgehen oder ihm einen Kuß geben wolle. Es war abstoßend. Ein völlig Fremder, der die Intimität eines Kusses mit mir teilen will und ein Nein als Antwort nicht akzeptiert. Als ich es endlich bis zu den Toren geschafft hatte, war eines davon geschlossen. Drum herum waren überall Büsche. Ich war sicher, daß der Mann mich vergewaltigen würde. Meine Knie wurden butterweich. Wie ich durch das andere Tor gekommen bin, werde ich wohl nie wissen. Ich bin in die Bibliothek in der Nähe des Parks gerannt und dort geblieben und habe ein Buch über Selbstverteidigung gelesen, bis er sich nicht mehr blicken ließ.

Der dritte Vorfall passierte eines Morgens, als ich auf dem Weg zur Arbeit war. Als ich, wie jeden Tag, den Parkweg entlangging, kamen zwei asiatische Jungen in Schuluniform auf mich zu. Plötzlich rannte einer zu mir hin und faßte mich im Vorbeilaufen an die Brust. Völlig verdutzt drehte ich mich um. Da stand er, in einiger Entfernung, und rieb sich durch den Stoff seiner Hose seinen Penis, ein breites Grinsen auf seinem Gesicht. Er war höchstens dreizehn Jahre alt.

Ist es da ein Wunder, daß Frauen sich überlegen, was sie tun sollen, wenn das Schlimmste passiert? Ich wußte immer, ich würde zu Jim laufen. Er würde mir helfen. Jetzt passierte das Schlimmste, aber nicht auf einem dunklen Weg, wie ich mir das immer vorgestellt habe. Es passiert hier, bei mir zu Hause. Ich habe mir mit dem Ausziehen so lange Zeit gelassen, wie ich mich getraut habe. Der Mann zieht seine Hose runter, stößt mich vor sich auf die Knie. Ich habe einmal ein schwedisches Kartenspiel gesehen, das einem der Jungen im CVJM gehörte. Ich fand es absolut widerlich, aber sehr lehrreich. Was dieser Mann mir sagt, das ich tun soll, ist noch widerlicher. Derlei würde nicht in einer dunklen Gasse passieren, nicht einmal im schlimmsten Alptraum. »Untersteh dich ja zu schreien«, droht mir der Mann.

Mühsam halte ich die Tränen zurück und tue, was er verlangt. Ich muß husten und würgen, aber wie soll ich mit einem Mann argumentieren, der sich völlig unberechenbar verhält und ein großes Messer hat?

Er befiehlt mir, mich auf das Bett zu legen, und schmeißt Mums ordentlich gebügelte Wäsche auf den Boden. Weitere Anweisungen. Dinge, von denen ich in den Lehrbüchern nie etwas gelesen habe. Oder die in den Jugendgruppen diskutiert worden wären. Das hat nichts mit der Erfüllung einer besonderen, vertrauensvollen und irgendwie endgültigen Beziehung zu tun. Es ist gemein, schmutzig, gewalttätig, mit einem völlig Fremden, der wie ein altes Wirtshaus nach billigem Tabak und Bier stinkt. Mir ist schlecht. Physisch und psychisch. Ich kann nichts tun als beten: »Lieber Gott, laß mich das lebend überstehen.«

Ich nehme wahr, daß sich auf dem Treppenabsatz etwas bewegt. Draußen sind die anderen Männer, zusammen mit Dad und David.

»Deswegen sind wir doch nicht hergekommen«, protestiert einer von den beiden.

Mann 2 ignoriert ihn. Er stößt mich aus dem Gästezimmer, den Korridor entlang in mein Zimmer. Eine Frau draußen auf dem Parkweg schaut zum Fenster herauf. Ich will, daß sie die Polizei ruft, die Feuerwehr, irgendjemanden. Bitte. Hilfe. Sieht sie denn nicht die Angst in meinem Gesicht? Wundert sie sich denn gar nicht, warum ich am hellichten Tag splitternackt da stehe, voll in ihrem Blickfeld?

Mann 2 geht erneut auf mich los, diesmal auf meinem eigenen Bett. Der Gedanke, daß Dad und David oben sind, im Gästezimmer, macht mich noch verkrampfter. Mann 2 nimmt mich von allen Seiten, obwohl er nur über einen äußerst begrenzten Wortschatz von obszönen Ausdrücken verfügt, um mir klarzumachen, was er will. Das müssen die Dinge sein, die in Pornofilmen vorkommen. Dinge, die in irgendwelchen Hinterzimmern hinter zugezogenen Vorhängen ablaufen. Nicht bei Tageslicht, in meinem Zimmer, und die zwei Komplizen des Mannes spazieren ganz nach Belieben ein und aus.

Ein Telephon läutet, aber niemand geht dran. Die Notdienste eilen mir nicht zu Hilfe. Ich muß mir selber helfen. Das Messer liegt auf der Bettkante. Mann 2 ist vollauf beschäftigt. Wenn ich das Messer mit meinem Knie erwischen könnte. Es auf den Boden stoßen oder so. Jetzt zeig mal, Mann 1, was für ein Kerl du bist. Du warst das eine Mal nett zu mir. Komm und nimm das Messer. Schnell, ehe er merkt, daß es runtergefallen ist.

Jetzt, wo ich sie brauche, sind sie nicht da. Mann 2 bemerkt das Messer. Er packt es und befiehlt mir, eine andere Stellung einzunehmen. Auf dem Bettuch ist Blut. In meinem Mund. Mein Blut. Das war's dann also, was das angeht: Jungfrau zu bleiben und mich zu bewahren für meine Hochzeitsnacht. Wer wird mich jetzt noch wollen? Werde ich nach diesen Scheußlichkeiten je in der Lage sein, mich selber noch zu ertragen? Ich muß wieder würgen. Ich kann schon den Anblick von Blut nicht ertragen, geschweige denn den Geschmack, und mir wird schlecht von den Dingen, von denen dieser Kerl anscheinend will, daß sie mir Spaß machen. Mein Körper ist ein Objekt geworden. Eine Maschine. Und das muß ich bleiben, wenn ich das überleben will.

Ich konzentriere mich auf Einzelheiten bei dem Mann. Der hier muß etwa einsachtzig sein. Kräftig gebaut. Er hat dunkle, fettige Haare und Schuppen. Eine stahlblaue wattierte Jacke mit Schulterklappen, wahrscheinlich aus Wildleder. Schuppige, grindige Haut am Schenkel. An einer Hand trägt er einen rosaroten Gummihandschuh, wie man sie zum Abwaschen hernimmt, bis übers Handgelenk hinaufgezogen. Darüber ist eine Tätowierung wie ein Spinnennetz auf dem Teil des Armes, der zu sehen ist.

Jetzt, wo es zu spät ist, sind die anderen wieder da. Einer nennt einen Namen. Gary... Wayne... Jason. Irgend so was Neumodisches. Ich bin mir nicht sicher. Mann 1 wird allmählich nervös. Er fährt Mann 3 an, weil er Dad und David unbeaufsichtigt im Gästezimmer gelassen hat. Mann 2 ist auch nicht zufrieden. Offensichtlich befriedige ich ihn nicht richtig. Er sagt mir, ich soll mich auf den Bauch drehen. Und entschuldigt sich für das, was er jetzt machen wird. Das ist noch schlimmer. Viel schlimmer. Ich hätte nicht gedacht, daß so etwas möglich ist. Nie werde ich mit Worten ausdrücken können, wie mir zumute ist.

Mann 3 durchwühlt derweil meine Schmucksachen, völlig unbeeindruckt von meiner Angst und den Drohungen von Mann 1. Er hat sich meine Fäustlinge angezogen, um keine Fingerabdrücke zu hinterlassen. Konzentrier dich auf den, Mädchen. Denk nicht daran, was der andere macht. Mann 3 muß kleine Hände haben. Die Fäustlinge passen mir nur mit Mühe, vor allem seit der Irn Bru ausgelaufen ist. Kleine Hände. Schmal gebaut. Haare hinten zottelig, oben kurz. Höchstwahrscheinlich die Überreste eines Bürstenschnitts. Unnatürliche Farbe, möglicherweise getönt. Ein stoppliges Kinn, als hätte er sich nicht rasiert. Von seinem Gürtel baumeln zwei Messer, ein breitklingiges Schlachtermesser; das andere sieht wie ein Küchenmesser mit schwarzem Griff aus.

Mann 2 macht es jetzt wieder anders. Das Messer hat er nicht aus der Hand gelegt. Ganz im Gegenteil. Er richtet es auf mich. Aber diesmal nicht auf mein Kinn. Vorher habe ich gebetet: »Herr, laß mich überleben.« Jetzt flehe ich innerlich: »Laß mich Kinder bekommen.« Wenn dieser Mann mich innen verletzt, ist das das Ende all meiner Träume. Danke, mein Gebet wird erhört. Er dreht das Messer um und verwendet statt dessen den Griff. Es funktioniert nicht. Nichts kann die mechanische Sperre durchbrechen, die ich um mich herum aufgerichtet habe. Gegen meinen Willen, gegen meine Überzeugungen hat er meinen Körper genommen. Keinesfalls wird er mich dazu bringen, daß ich freiwillig mitmache.

Mann 1 ist immer noch nervös. Er weiß, daß Leute kommen, und möchte weg. Ich habe eindeutig den Eindruck, daß er allmählich in Panik gerät, aber warum hat er Dads Kricketschläger aus der Garage geholt? Aus dem Gästezimmer habe ich Stöhnen gehört. Jetzt ist da ein anderes Geräusch. Wie wenn ein Ball das Schlagholz trifft. Jemand sagt zu David, er soll den Mund halten. Der scheint es gar nicht gehört zu haben. Je mehr er stöhnt, desto mehr wird er geschlagen. »Laßt ihn in Ruhe«, bitte ich. Was hat er getan? Wir haben doch nur ferngesehen.

Jetzt ist nichts mehr zu hören. Ich weiß nicht, was schlimmer ist, die Schreie oder diese schreckliche Stille. Mann 2 scheint das egal zu sein. Er denkt nur an das eine. Er sagt, Mann 3 sehe aus, als ob er Hunger habe, Hunger auf Sex. Mann 3 stimmt zu. Er zieht die Vorhänge zu und fällt ebenfalls über mich her.

Oh, Mum. All die Stunden, die du damit verbracht hast, auf uns aufzupassen. Zu warten. Wie du versucht hast, uns zu beschützen. Wie du immer am Gartentor gestanden bist, wenn wir nur ein paar Minuten zu spät dran waren. Wie du Pug und mich erst, als wir elf oder zwölf waren, allein zum Einkaufen hast gehen lassen. Wer hätte je vorhersehen können, daß so etwas passiert? Und das, obwohl Dad und Dave gleich nebenan sind. Und nichts tun können.

Ich muß immer noch würgen. Was die Männer verlangen, ist unmöglich. Sogar sie selber scheinen das allmählich einzusehen. Mann 3 hat plötzlich eine Flasche Wodka in der Hand. Pug hat sie gekauft, wenn ich mich nicht irre. Sie bieten mir etwas davon an. Ein paarmal. Die machen wohl Witze.

Mann 3 fragt mich, ob es das »erste Mal« war, und scheint hellauf entzückt, als er hört, daß es so ist. Sie wollen wissen, ob das an der Wand mein Name ist. Muß ich darauf antworten? Jetzt wissen sie wieder etwas ganz Persönliches von mir. Meine eigentliche Identität. Auf ihre habe ich keinerlei Hinweis, außer diesen neumodisch klingenden Namen, an den ich mich um alles in der Welt nicht erinnern kann.

Mann 2 schmeißt das Federbett auf mich und fordert mich auf, mich zuzudecken. Das braucht er mir nicht zweimal zu sagen. Mann 3 versucht, mich mit einem Handtuch zu fesseln, hat dabei aber ziemliche Schwierigkeiten. Er trägt immer noch meine Fäustlinge, und es ist gar nicht so einfach, Handtücher zu verknoten. Er schaut sich nach etwas anderem um. Da liegt ein Stück Wäscheleine, zum Seilspringen. Auf meinem Wäschekorb. Hastig schlage ich ihm das vor. Dann könnte ich eine Chance haben, mich zu befreien. Wenn er irgendwas aus Nylon nimmt, komme ich da nie raus. Ich erinnere mich, was für Schwierigkeiten wir damit hatten, wenn wir Cowboy und Indianer gespielt haben. Mann 3 tut, was ich ihm vorgeschlagen habe, und irgendwie schaffen er und Mann 2 es mit vereinten Kräften, mich an den Handgelenken und Knöcheln zu fesseln.

Endlich bin ich alleine. Ich weiß, daß ich den einen Fuß freikriegen kann, aber ich höre immer noch die Männer rumlaufen. In das Gästezimmer rein und wieder raus, die Treppe runter, in die Diele. Einer von ihnen sagt: »Nein. Das können wir nicht mitnehmen. Das ist zu groß.« Die Haustür fällt ins Schloß. Meine Füße sind schon frei und eine Hand. Ich hebe das Handtuch vom Boden auf und wickle mich darin ein. Jemand ist gegangen. Alle drei? Ich gehe das Risiko ein. Ich muß herausfinden, was sie mit Dad und Dave gemacht haben. Ich höre keinen Laut. Langsam gehe ich den Gang entlang. Ich hasse Schmerzen, und die Vorstellung, einen Toten zu finden, ist entsetzlich. Die Tür zum Gästezimmer ist zu. Was werde ich sehen, wenn ich sie aufkriege?

Kapitel fünf

Dad und Dave sind offenbar schwer verletzt, aber noch am Leben. Ich bin ungeheuer erleichtert. Die Entscheidung, wem ich zuerst helfen soll, ist schon schwieriger. Dad liegt mit dem Gesicht nach unten auf dem Boden; sein Kopf wird von einem Stuhl fast verdeckt, und seine Handgelenke sind ihm mit einem Gürtel auf den Rücken gebunden. David rinnt auf einer Seite des Gesichts das Blut herunter. Die Männer haben Badesalz in die Wunden gestreut. Die leere Dose liegt auf dem Boden. Ich darf gar nicht daran denken, wie weh das tun muß. Ihn haben sie mit dem Kabel von meinem Kassettenrecorder gefesselt, und zwar haben sie ihm die Handgelenke und die Fußgelenke auf dem Rücken zusammengebunden. Er wälzt sich durch das ganze Zimmer. Wenn er sich nicht ruhig hält, wird er sich nur noch schlimmer verletzen. Ich habe immer noch das Springseil um die Arme, aber das hat Zeit; erst muß ich versuchen, ihm zu helfen. Sobald ich die ersten Knoten gelöst habe, zieht er mit einem Ruck seine Füße aus der Schlinge, reißt das Ende des Kabels los und wirft sich schluchzend auf das Bett. Ich wende mich Dad zu. Er scheint noch zu atmen. Gerade noch. Ich binde seine Hände los und drehe ihn um. Sein Hinterkopf tut ihm offenbar sehr weh. Er glaubt, daß man auf ihn geschossen hat, aber ich sehe kein Blut.

Ich habe alles für sie getan, was ich konnte. Jetzt muß ich ärztliche Hilfe holen. Das Telephon in Mums und Dads Schlafzimmer ist am nächsten, aber die Leitung ist durchgeschnitten. Die Britische Telekom wird nicht gerade erfreut sein, nachdem sie erst gestern die Apparate installiert haben. Ich laufe runter. Das Telephon im Arbeitszimmer ist auch außer Betrieb. Hoffentlich haben sie mit dem in der Küche nichts gemacht. Bitte.

Gott sei Dank, es ist unversehrt. Ich wähle die 999. Ich wollte immer schon wissen, wie die am anderen Ende sich melden. Jetzt werde ich es erfahren.

»Welchen Notdienst brauchen Sie?«

»Polizei und Krankenwagen.« Schnell.

Name? Adresse? Grund des Anrufs?

Ich erwähne gleich die Vergewaltigung. Ich nenne nur die wichtigsten Einzelheiten, aber es scheint eine Ewigkeit zu dauern. Endlich weiß das Mädchen in der Zentrale alles, was sie braucht. Ich kann wieder raufgehen, zu Dad und David. Dad will wissen, ob mit mir alles in Ordnung ist, dann fragt er: »Haben sie ...?« Es hat keinen Sinn, der Frage auszuweichen. Der Zustand, in dem ich mich befinde, beantwortet die Frage eindeutig. Er sagt, daß ihm das ganz entsetzlich leid tut. Ich habe keine Gefühle mehr. Nur eine Art Taubheit, da, wo sie wohl sein müßten.

Ich höre Sirenen, die in unsere Richtung kommen, sich dann wieder entfernen. So kommt doch, kommt schon. Warum dauert das so lange? Ich dachte, das sei ein Notdienst. Muß einer von uns sterben, ehe etwas geschieht? Um zwei Uhr werden die Mitarbeiter kommen, wegen dieser Besprechung. Jetzt ist es dreiviertel. Ich muß anrufen und Bescheid sagen, daß das Treffen nicht stattfindet. Mechanisch wähle ich die Nummern; ich funktioniere immer noch wie ein Roboter. Vergeblich. Niemand da.

Erneut Sirenen. Sie kommen näher. Ich darf mich nicht darauf verlassen, noch nicht. Jetzt. Jetzt ist es gut. Sie biegen in unsere Auffahrt ein, läuten an der Tür. Ein großer Polizist steht auf der Türschwelle. Ein paar andere folgen ihm, sie kommen den Weg herauf, und gleich hinter ihnen kommt der Krankenwagen. Sie entschuldigen sich für die Verzögerung; sie sind falsch abgebogen. Ob ich ihnen sagen kann, wo die anderen sind? Was passiert ist? Sollen wir ins Wohnzimmer gehen?

Immer noch habe ich nur das Handtuch um mich gewickelt; wahrscheinlich sehe ich fürchterlich aus. Ich spüre, wie das Blut um meinen Mund herum trocknet; die Haut spannt. Ich darf es nicht abwaschen und auch nicht aufs Klo gehen, obwohl ich seit Stunden dringend muß. All die Informationssendungen der Polizei im Fernsehen haben ihren Zweck erfüllt; so ganz nebenbei habe ich ein paar nützliche Hinweise aufgeschnappt. Ich weiß, daß die Polizei soviel Beweismaterial braucht wie nur möglich.

Ein paar von den jungen Polizisten schienen etwas geschockt, als sie mich sahen, aber auf mich wirkt die Tatsache, daß die Polizei da ist, beruhigend, besänftigend. Sie wissen, was zu tun ist. Was für Fragen sie stellen müssen. Irgend jemand unterbricht die Vernehmung. David ist auf dem Weg ins Krankenhaus. Ich habe gar nicht mitgekriegt, daß sie ihn rausgeschafft haben. Man hat einen zweiten Krankenwagen gerufen. Haben wir irgendwo eine Schüssel? Dad ist es schlecht. Die Leute im Krankenwagen wären nicht gerade erfreut, wenn er den ganzen Krankenwagen vollkotzen würde. Die Küche ist Mums Reich. Wir haben dort normalerweise nichts zu suchen, außer daß wir mal einen Kaffee für Freunde kochen und Weihnachten den Abwasch machen. Schließlich schaffe ich es doch, irgendwo eine Schüssel aufzutreiben. Sie tragen Dad auf einer Krankenbahre raus. Die Polizisten fragen, ob ich mir etwas Warmes anziehen will und ob ich zur Untersuchung lieber ins Krankenhaus oder aufs Polizeirevier gebracht werden möchte. Das überrascht mich. Ich hatte keine Ahnung, daß ich mir das aussuchen kann. Ich hatte nicht damit gerechnet, daß man mich ins Krankenhaus bringen würde, aber es scheint das beste zu sein.

Davids Schaffellmantel liegt auf dem kleinen Sofa. Ich nehme ihn und wickle mich darin ein. Er ist warm und groß, und irgendwie gibt er mir ein Gefühl von Sicherheit, als ich mich darauf vorbereite, der Welt draußen gegenüberzutreten. Gerade als wir aufbrechen, tauchen die Hilfspfarrer, Eric und Ian, auf, und auch ein paar Nachbarn und Passanten sind aufgekreuzt, um zu gucken, was hier los ist. Müssen sie mich in diesem Zustand sehen? Warum bleiben sie jetzt stehen? Wo waren sie, als ich sie brauchte?

Meine Knie sind wie Pudding, als wir den Weg hinuntergehen. Ich würde bestimmt zusammenbrechen, wenn die Polizisten mich nicht stützen würden. Irgendwie schaffen wir es zu dem Krankenwagen. Die Tür schlägt zu. Wir fahren. Ein Polizist versperrt mir die Sicht auf Dad, sehr zu meiner Erleichterung. Ich möchte nicht unbedingt zusehen müssen, wenn er sich übergibt. Die Polizisten verlieren keine Zeit. Sie brauchen Antworten auf noch mehr Fragen. Wer wohnt sonst noch in dem Haus? Wo sind die anderen Bewohner?

Ich weiß, daß ich ihre Fragen klar und deutlich beantworten muß, aber diese schafft mich fast. Mum. Pug. Jemand muß es ihnen beibringen. Sie sind beide noch im Geschäft. Erzählt Pug nicht zuviel. Sie ist doch meine Zwillingsschwester. Vielleicht wäre es am besten, Mum erklärt ihr, was passiert ist, wenn sie ins Krankenhaus kommt. Ein Polizeiwagen überholt uns. Mit heulender Sirene. Sie haben es offenbar eilig. Hoffentlich verfahren sie sich nicht wieder. Wir biegen von der Hauptstraße ab und fahren eine Rampe zum Ealing-Krankenhaus hinauf. Der Haupteingang befindet sich nicht zu ebener Erde. Es ist ein ziemlich unübersichtliches Gebäude. Schon mindestens zweimal bin ich im falschen Stockwerk gelandet. Eines Tages wäre ich irrtümlich fast in die Leichenhalle geraten. Anschließend habe ich mich ewig lange geweigert, auch nur in die Nähe dieses Bauwerks zu gehen. Es gibt da auch nicht besonders viel zu sehen, nichts als einen riesigen grauen Betonklotz. Nicht gerade dazu angetan, daß die Leute sich dort gut aufgehoben fühlen.

Ein Rollstuhl erwartet mich, als der Krankenwagen anhält. Man schiebt mich durch einen Korridor mit blauen Wänden zu einer Kabine. Die Polizisten protestieren. Ich brauche ein Zimmer. Schließlich findet jemand ein leeres Untersuchungszimmer. Krankenschwestern messen meine Temperatur, den Puls und den Blutdruck. Mein Handtuch und Davids Mantel nehmen sie mit, zur gerichtsmedizinischen Untersuchung. Sie geben mir ein Krankenhausnachthemd und eine Decke, mit der ich mich zudecken kann, und dann werde ich zwei Polizistinnen vorgestellt. Sie müssen in dem Auto gewesen sein, das uns überholt hat. Eine von ihnen fragt, ob ich ihnen eine kurze Beschreibung der Männer geben kann, während wir auf den Polizeiarzt warten. Erst muß ich wissen, was mit Dad und David los ist. Was ist mit ihnen? Irgend jemand erklärt mir, daß sie David ins Charing-Cross-Krankenhaus gebracht haben. Sein Zustand ist besorgniserregend, und im Charing-Cross sind sie besser auf solche Fälle vorbereitet. Ich weiß nicht, ob das gute Nachrichten sind oder schlechte.

Was den Arzt betrifft, so bilde ich mir sehr schnell ein Urteil über ihn, als er anfängt, mich zu untersuchen. Er macht einen Abstrich von meinem Hals, von Haut, Anus und Vagina. Mein Hals ist ohnehin schon entzündet. Es tut wahnsinnig weh, als er jetzt darin herumstochert. Er braucht Kopf- und Schamhaar. Das eine löst sich von selber, das andere muß er mir auszupfen. Für ihn ist das nichts weiter als eine Routineuntersuchung. Er scheint überhaupt nicht zu merken, daß er, während er jetzt unbarmherzig kleine Stückchen von meinen Fingernägeln runterschneidet, die letzten Überreste von Selbstvertrauen wegschnipselt. Schnipsel, schnipsel. Hack, hack. Versuch gar nicht erst, einigermaßen dein Ich zu bewahren. Auf eine kleine Demütigung mehr kommt es jetzt auch nicht mehr an.

Um das Ganze noch schlimmer zu machen, ist sein englischer Wortschatz sehr begrenzt. Er scheint nicht zu verstehen, was ich sage, und ich habe das Gefühl, er verdreht meine Worte. Als würde er davon ausgehen, daß es meine Schuld war. »Kommen Sie schon. Sie haben es doch gewollt.« So in der Art. Es macht mir nichts aus, daß die Polizei mir Fragen stellt, wenn es hilft, die Männer zu schnappen, aber das hier ist etwas anderes. Er stellt mir intime Fragen und lächelt dabei. Ich würde ihm dieses Lächeln am liebsten bis in seinen Hinterkopf zurückdrücken.

Eine Polizistin schaltet sich ein. Sie versucht zu erklären, was geschehen ist. Er scheint nicht in der Lage zu sein, das zu kapieren. Oder seinen eigenen Augen zu trauen. Die Abschürfungen. Das Blut. Ich bin fuchsteufelswild. Die Polizei hatte mir angeboten, mich von einer Ärztin untersuchen zu lassen, ich war jedoch bereit, das zu machen, was für sie einfacher wäre. Aber das hier ist nicht gerade hilfreich für mich. Jetzt sollten sie mal meinen Blutdruck messen.

Ich habe den Polizistinnen Einzelheiten über Davids Angehörige genannt und ihnen eine Beschreibung der Männer gegeben, obwohl ich nicht weiß, wie ich das geschafft habe, bei alledem, was hier abläuft. Keiner von denen gibt die Informationen durch. Wenn sie fertig sind, darf ich dann bitte aufs Klo gehen? Ich kann nicht mehr. Eine Schwester bringt eine Wegwerfschüssel. Sie schlägt vor, den Wasserhahn aufzudrehen, damit es leichter geht. Ich glaube nicht, daß ich das brauche. Ich habe mich geirrt. Mein Körper ist zu verkrampft. Zuerst die Vergewaltigung. Dann wie ich Dad und David gefunden habe. Die Untersuchung gibt mir den Rest. Ich weiß, daß sie sein muß, es ist das A und O, wenn man eine Vergewaltigung anzeigt. Könnten sie das nicht mit etwas mehr Feingefühl machen? Ein bißchen mehr Rücksicht darauf nehmen, was eine Frau bereits durchgemacht hat? Mir reicht's. Ich will nur mehr meine Kleider haben und in Ruhe gelassen werden. Es soll nicht sein. Die Polizistin kommt zurück und erklärt, daß Mum draußen ist. Ehe ich jemandem gegenübertrete, muß ich mich ein bißchen frischmachen. Die Polizistin ist einverstanden. Ich darf mir die Hände und das Gesicht waschen und den Mund ausspülen. Endlich.

Ian hat Mum von der Arbeit abgeholt; sie weiß inzwischen Näheres über Dad. Es tut gut, sie zu sehen und daß sie mich tröstend in die Arme nimmt. Dann kommt Pug. Die Polizisten haben getan, worum ich sie gebeten habe, und es Mum überlassen, ihr alles zu erzählen. Sie scheint es ganz gut zu verkraften. Keiner heult oder bricht zusammen. Wir reißen uns immer zusammen. Halten die Ohren steif und so. Wir reden vor allem über Dad und David und was gestohlen worden ist. Über den Überfall selbst gibt es nicht viel zu erzählen. Sie wissen so ungefähr, was passiert ist, und ich habe nicht die Absicht, Einzelheiten zu berichten. Kein Mensch könnte das verkraften.

Als nächster taucht Joe auf. Es ist eine richtige Erleichterung, ihn zu sehen, nachdem er mir heute früh so gefehlt hat. Außerdem bedeutet das noch eine tröstliche Umarmung. Ich habe vorhin gesagt, daß es gut ist, einen großen Bruder zu haben. Teil einer Gemeinde zu sein ist auch nicht schlecht. Schon jetzt treffen von verschiedenen Seiten die ersten Bezeugungen liebevoller Anteilnahme und des Mitgefühls ein. Eins steht fest: Solche Neuigkeiten verbreiten sich rasch. Ich bin ganz schön beeindruckt, als uns der Bischof der Diözese, ganz echt in priesterlichen Purpur gekleidet, einen Besuch abstattet.

Man hat mir immer noch nicht meine Anziehsachen gebracht. Pug will sie holen. Sie wird wissen, was ich brauche. Zwei Polizisten fahren sie zum Pfarrhaus. Keine besonders gute Idee. Sie geraten mitten in den Berufsverkehr und brauchen Stunden, um die paar Meilen hin- und wieder zurückzufahren. Die Polizei wartet darauf, daß sie mich in die neue Abteilung für Vergewaltigungen auf dem Polizeirevier Brentford bringen kann. Mir liegt genausoviel daran, endlich dort hinzukommen. Als Pug zurückkommt, ziehe ich mir hastig meine Sachen an, ohne Rücksicht darauf, was sie dabei empfindet. Sowie wir außer Hörweite sind, macht ein Polizist mich darauf aufmerksam, daß Pug das Blut auf dem Bettuch in meinem Zimmer gesehen hat und daß sie das ziemlich mitgenommen hat. Genau so etwas hatte ich befürchtet. Ich möchte ihr soviel wie möglich von den scheußlichen Details ersparen.

Das läßt sich jetzt nicht mehr ändern. Die Polizisten wollen weiter. Es ist Zeit loszufahren. Als wir an die kalte Nachtluft kommen, vergesse ich alles andere: Ich muß dringend aufs Klo. Brentford ist mehr als eine Meile weit weg. Werden wir es noch rechtzeitig schaffen?

Der Einsatzleiter fragt uns, was wir essen wollen. Seit ich im Film »Kramer gegen Kramer« gesehen habe, wie der kleine Billy das Gericht nicht mehr mochte, das er aß, als seine Eltern ihm sagten, daß sie sich scheiden lassen wollen, bin ich sehr vorsichtig mit dem, was ich esse, wenn ich unter Streß stehe. McDonald's ist schon tabu. Ich will nicht, daß andere Lieblingsspeisen das gleiche Schicksal erleiden. Schließlich entscheide ich mich für Fisch-und-Chips. Ich glaube nicht, daß mir je irgend etwas den Appetit darauf verderben kann.

Trinken ist schon eher ein Problem. Tee und Kaffee mag ich

nicht, und Alkohol will ich schon gleich gar nicht. Das erste Mal, daß ich Schnaps getrunken habe, war in einer Kneipe in Nordwales, und alle meine Freunde haben mich ausgelacht. Ein paar Tage vorher war ich Hand in Hand mit einem walisischen Jungen nach Hause gegangen, und der erzählte jetzt seinen Kumpels, wir würden miteinander gehen. Ich behauptete mit allem Nachdruck, daß das nicht stimmte. Mir war nicht klar, daß es, wenn man mit einem solchen Kerl Händchen hält, bedeutet, daß man mit ihm geht. Anschließend habe ich beschlossen, wenn ich je wieder trinken würde, dann ganz bestimmt nur, wenn ich mich wirklich gut fühle. Ich würde nie Zuflucht zum Alkohol nehmen, um mich wieder hochzurappeln, um wieder auf die Beine zu kommen. Man wird viel zu leicht davon abhängig. Außerdem hatten auch die Männer mir Alkohol angeboten. Ich nehme eine Cola.

Die Vergewaltigungsabteilung in Brentford ist ein kleiner Trakt, abseits vom Hauptgebäude. Ich habe eine vage Vorstellung, was mich erwartet, weil sie vor ungefähr einem Monat im Fernsehen gezeigt wurde, als sie eingeweiht wurde. Trotzdem bin ich beeindruckt von der entspannten Atmosphäre, die ganz anders ist als auf einem normalen Polizeirevier. Der Raum, in dem die Befragung stattfindet, wirkt sehr friedlich; er ist geschmackvoll in sanften Braun- und Beigetönen gehalten. Er ist »benutzerfreundlich«, mit Teppichboden, bequemen Stühlen und Bildern an den Wänden. Sogar eine Kaffeemaschine und ein Wasserkessel für Tee sind da, für Leute, die das Zeug mögen. Mich interessiert weit mehr das Bad; sie versprechen mir, daß ich es später benutzen kann. Aufs Klo gehe ich sofort. Endlich kann mein Körper ein bißchen loslassen, obwohl mein Hymen immer noch blutet.

Als ich wieder in das Verhörzimmer zurückkomme, werde ich dem Mann vorgestellt, der den Fall bearbeitet. Er kann mir berichten, was es von den anderen Neues gibt. Dad hat einen Schädelbruch und ein dunkelblaues Auge. David hat ebenfalls einen Schädelbruch, ein kleines Blutgerinnsel im Gehirn, ein perforiertes Trommelfell und jede Menge Prellungen.

Das Fisch-und-Chips kommt, und noch ehe ich mit dem Essen fertig bin, fangen wir mit der Aussage an. Dagegen habe ich nichts. Ich werde alles tun, was ich kann, damit diese Männer geschnappt werden. Mir wird ein bißchen übel, als ich von der eigentlichen Vergewaltigung erzähle, vor allem weil ich langsam sprechen muß, damit jemand mitschreiben kann; aber ansonsten ist es okay. Es ist, als wäre gar nicht ich das, die da spricht. Ich bin immer noch ferngesteuert.

Die Polizisten sind eine enorme Hilfe. Sie nehmen sich Zeit, um alles ganz genau zu machen und um sicherzugehen, daß ich auch wirklich weiß, von was sie reden, selbst wenn das nicht der Fall ist. Worte wie Erektion, Ejakulation, Anal- und Oralverkehr habe ich vorher nie benutzt. Noch vor wenigen Stunden wußte ich sehr wenig darüber, wie die männlichen Geschlechtsorgane funktionieren, wenn sie erregt sind; ich bekomme auf die Schnelle eine Nachhilfestunde in Sexualaufklärung, was mich ziemlich durcheinanderbringt. Ich komme mir schrecklich naiv vor, weil ich so wenig über die Techniken weiß und die richtigen Wörter nicht kenne. Die Polizisten, die männlichen wie die weiblichen, nehmen das ganz locker. Ich kann zusammen mit ihnen lachen. Sie gehen auf mich ein, sind rücksichtsvoll, professionell. Ein bißchen wie Freunde, die sich Sorgen um einen machen, aber ohne die gefühlsmäßige Anteilnahme.

Die Aufnahme meiner Aussage dauert offenbar ziemlich lange, aber es macht mir nichts aus, zu reden. Im Gegenteil. Ich weiß, daß es sein muß und daß alles, woran ich mich erinnere, von Nutzen sein kann, also konzentriere ich mich, so gut es geht. Alle Augenblicke platzt der Polizist, der für den Fall zuständig ist, herein, obwohl es eigentlich keinen Kontakt zum Hauptgebäude des Polizeireviers gibt, vom Telephon mal abgesehen. Die Polizisten sind verblüfft, wie genau ich mich an Details erinnere. Einer von ihnen sagt mir, ich hätte ein photographisches Gedächtnis, was sehr gut für sie, aber vielleicht nicht so gut für mich ist. Es bedeutet, daß ich mich möglicherweise sehr lange an die Einzelheiten erinnern werde. Sie finden das Ganze anscheinend fürchterlich und wollen die Männer so schnell wie möglich schnappen.

Mum ruft an, um zu sehen, wie wir vorankommen. Wir dürfen noch nicht wieder in unser Haus, deshalb haben sie es so eingerichtet, daß wir über Nacht bei Eric bleiben. Um halb elf reicht es uns allen. Das Duschen streiche ich. Ich kann bei Eric ein Bad nehmen. Gott sei Dank.

Im Wagen bieten sie mir an, mir etwas zum Schlafen zu geben. Ich lehne ab. Das einzige Mal, als ich eine Schlaftablette genommen habe, habe ich viel länger wach gelegen, als wenn ich keine genommen hätte. Außerdem habe ich genausowenig die Absicht, von Tabletten abhängig zu werden wie von Alkohol. Ich habe gehört, daß eine von sechs Frauen irgendwann einmal in ihrem Leben Beruhigungsmittel nimmt, und ich habe durchaus nicht vor, diese Zahl noch zu steigern. Alles was ich will, ist ein Bad, um diesen Gestank nach dem billigen Tabak der Männer loszuwerden. Ich habe das Gefühl, er hat sich in meinen Haaren und meinen Nasenlöchern festgesetzt. Ich will den Geruch aus meinem Kopf bringen, wieder sauber werden.

Ich bitte Mum, mir Sagrotan und auch Wick VapoRub zu besorgen, weil mein Hals entzündet ist und meine Brust so weh tut. Glücklicherweise ist in der Nähe ein Laden, der von 19 bis 23 Uhr auf hat; Eric fährt sie hin. Als sie zurückkommt, spüle ich meinen Mund mit Sagrotan aus und schütte den Rest in mein Badewasser und über meine Haare: Ich will versuchen, mich zu desinfizieren. Als ich fertig bin, wäscht Mum meine Haare ganz gründlich, und irgend jemand schafft es, einen Fön aufzutreiben, so daß wir sie richtig trocknen können, ehe ich mich auf den Tod erkälte. Fast komme ich mir wieder wie ein Mensch vor. Besser. Sauberer.

Offensichtlich hat das Telephon den ganzen Abend lang geläutet, und der Überfall ist schon in den Spätnachrichten von BBC und ITN gekommen. Die Polizei hat uns bereits geraten, Reportern nichts zu sagen, so daß wir auf der Hut sind. Kurz vor Mitternacht läutet erneut das Telephon. Jemand aus dem Gemeindeamt fragt nach uns. Mum kann sich nicht an den Namen erinnern und ist sehr argwöhnisch. Er wird mit einer knappen Antwort abgespeist. Geschieht ihm recht, wer auch immer es ist. Wenn er einigermaßen vernünftig wäre, würde er bis morgen warten. Es war ein langer Tag, und wir alle brauchen dringend Ruhe.

Eine lange Nacht steht mir bevor. Meine Rippen tun unglaublich weh, und ich vermisse meinen Sitzsack, um den Druck zu mildern. Ich kann nicht anders, ich muß immer wieder an diese schreckliche Stunde denken. Die Gewalttätigkeit des Überfalls. Wie lange das alles gedauert hat. All die schmutzigen Einzelheiten. Es hat keinen Sinn. Ich muß an etwas Positives denken. Der Refrain eines Liedes, das ich in Greenbelt gehört habe, bei dem großen christlichen Kunstfestival, kommt mir in den Sinn:

Brot des Lebens, Brot des Lebens,
Alles wird neu.
Brot und Wein, Brot und Wein
Du bist das wahre Sein.

Jedesmal wenn ich aufwache, singe ich diese Worte leise vor mich hin, und ich bin dankbar, daß sie so beruhigend wirken. Ich werde neu werden. Es heißt: *Alles*! Nicht: Alles, außer den Opfern von Vergewaltigungen – so wie ich mich jetzt fühle.

Kapitel sechs

Um halb acht weckt uns der erste Telephonanruf an diesem Tag. Keiner von uns hat besonders gut geschlafen, und der Journalist am anderen Ende der Leitung bleibt nicht lange dran. Ich schnappe mir das Telephon, ehe jemand anders anrufen kann. Vor allem zwei Leuten will ich es unbedingt sagen, ehe sie es von woandersher erfahren.

In der Eile vergesse ich, daß Jim heute seinen freien Tag hat, und klingele ihn aus dem Bett. Kein besonders guter Anfang. Als ich ihn frage, ob er die Nachrichten gehört hat, setzt er zu einer langschweifigen Erklärung an, daß er gestern abend nicht dazu gekommen ist und heute morgen noch zu verschlafen ist, um das Radio einzuschalten. Warum kann er nicht einfach nein sagen? Das würde alles viel einfacher machen. Endlich wird ihm klar, daß es einen Grund dafür geben muß, warum ich ihn so früh am Morgen anrufe, um mich nach seinen Fernsehgewohnheiten zu erkundigen, und er fragt: »Wieso?«

Während ich es ihm erkläre, bringt der Zeitungsjunge die »Times«. Auf Seite 2 steht eine kurze Notiz. Jim ist niedergeschmettert, aber ansonsten klingt er ganz gefaßt. Einer weniger, um den ich mir Sorgen machen muß. Bei dem anderen Freund liegen die Dinge anders. Unglücklicherweise hat er es schon erfahren und sich die ganze Nacht damit herumgeschlagen. Genau das, was ich vermeiden wollte. Er klingt schrecklich. Ich versuche, ihn zu beruhigen, daß es mir gutgeht, aber er ist den Tränen nahe und kaum in der Lage zu sprechen.

Als nächste ist Mum mit Telephonieren dran. Sie will in den Kliniken anrufen. Dads Zustand ist unverändert, der von David immer noch »kritisch«. Er fällt immer wieder ins Koma und wacht dann für kurze Zeit auf. Ich möchte ihn besuchen, aber ich habe Angst davor, wie er möglicherweise reagiert. Was ist, wenn ihm bei dem Gedanken an mich übel wird? Oder wenn er mich nicht sehen will? Das Frühstück unterbricht diesen Gedankengang, und nach dem Frühstück kommt Pug, zusammen mit ihrem Verlobten. Sie hat bei Freunden übernachtet, die nicht weit von hier wohnen, aber sie hat eine scheußliche Nacht hinter sich. Sie ist anscheinend in einer schlimmeren Verfassung als ich. Daß sie die riesigen Schlagzeilen in den Revolverblättern gesehen hat, hat das Ganze nicht besser gemacht. Vielleicht löst ein flotter Spaziergang nach Hause die Spannung ein bißchen?

Im Pfarrhaus wimmelt es schon von Polizei. Im Erdgeschoß haben sie bereits die Fingerabdrücke gesichert, wir dürfen also rein, unter der Voraussetzung, daß wir nichts anfassen. Der Einsatzleiter geht mit mir nach oben, damit ich ihm die einzelnen Zimmer zeige, von denen in meiner Aussage die Rede ist. Als das erledigt ist, sind Mum, Pug und ich erleichtert, daß wir weg können. Ich will beim CVJM vorbeischauen, um ein paar Sachen für David zu holen, dann werde ich noch mal nach Brentford fahren, um meine Aussage fertig zu Protokoll zu geben. Keine besonders angenehme Vorstellung. Es gibt da so viele Dinge, bei denen ich mich zwingen muß, mich an sie zu erinnern. Einzelheiten, die ich lieber vergessen würde. Eine Frau kommt auf uns zu. Sie hat uns früher immer die Haare geschnitten und hat jetzt auf uns gewartet. Sie sagt, wie leid ihr das alles tut; dann bricht sie an Mums Schulter in Tränen aus. Es ist ein merkwürdiges Gefühl, wenn andere für mich weinen, während meine Augen wie ausgetrocknet sind. Ich traue mich nicht zu weinen. Ich weiß nicht, wer mehr schockiert ist. Sie, weil ich nicht in Tränen aufgelöst bin, oder ich, weil sie hemmungslos losheult. Ihre Anteilnahme rührt mich, aber ich mache mir Sorgen, wie die beiden anderen es aufnehmen.

Schließlich verabschieden wir uns und gehen zum CVJM. Dort haben sie nicht mit uns gerechnet. Anscheinend weiß keiner, was er sagen soll. Ich kenne dieses Gefühl. Meine Freundin Shirley erklärt, sie hätten David schon ein paar Anziehsachen ins Krankenhaus gebracht, ich nehme also nur ein Deodorant, seinen Teddybär und Filofax mit. Ein freiberuflicher Photograph hängt dort schon die ganz Zeit rum, aber er hat keine Ahnung, wer wir sind, und es gelingt uns, ihm auszuweichen.

Als wir wieder nach Hause kommen, haben wir nicht so ein Glück. Die Pressephotographen sind eingetrudelt und photographieren alles, was sich bewegt. Die Polizei bewacht das Tor, so daß sie nicht auf das Grundstück kommen können, aber ihre Anwesenheit ist unübersehbar. Als wir soweit sind, daß wir nach Brentford fahren können, sagt man mir, ich solle mich unter einer Decke verstecken. Der Vorschlag gefällt mir überhaupt nicht. Daß man das bei Angeklagten gemacht hat, habe ich schon gesehen, nicht aber bei Opfern. Warum sollte ich mich schämen, mein Gesicht zu zeigen? Ich habe nichts getan und fühle mich nicht schuldig. Die Polizisten erklären mir, es sei zu meinem eigenen Schutz. Die lechzen alle nach einer Geschichte. Das leuchtet mir ein. Schon die Schlagzeilen enthalten solch herrliche Wendungen wie: »UNHOLD VERGEWALTIGT PFARRERSTOCHTER«. »PFARRER WIRD ZEUGE, WIE SEINE TOCHTER VERGEWALTIGT WIRD«. Zögernd willige ich ein, mich unter der Decke zu verstecken.

In Brentford benutzen wir die Hintertür, nur für alle Fälle. Um mein Gedächtnis aufzufrischen, liest der Einsatzleiter mir die Aussage vor, die ich letzte Nacht gemacht habe. Einige Stunden und fünfzehn Seiten später bin ich damit fertig. Dreiundzwanzig Seiten mit Beschreibungen der Personen, des Geschehens und der fehlenden Gegenstände. Die Frage nach den gestohlenen Sachen irritiert mich ein bißchen. Die einzigen Gegenstände, von denen ich mit Sicherheit weiß, daß sie sie mitgenommen haben, sind das geliehene Videogerät einschließlich der »Dallas«-Folge und meine Börse mit dem Geld, das ich zur Bausparkasse zurückbringen sollte. Mum gibt den Polizisten eine genaue Beschreibung ihres Schmucks. Außer der Uhr und dem Ring sind ihr Anhänger mit dem Hologramm einer grünen Spinne und ein echtes, in Gold gefaßtes Seepferdchen, das sie in Amerika gekauft hat, verschwunden. Omas Ehrenkreuz und ein Medaillon mit einem Bild von Mums Vater und Großvater fehlen ebenfalls. Sie haben alle einen gewissen Liebhaberwert, aber das ist nichts im Vergleich zu unserer innerlichen Aufgewühltheit. Ich zögere nicht einen Moment zu unterschreiben, daß ich will, daß diese Männer angeklagt werden, und bereit bin, vor Gericht auszusagen. Das ist nur recht und billig. Sie haben unrecht gehandelt; sie müssen bestraft werden. Was sonst könnte sie davon abhalten, noch mehr solche Verbrechen zu begehen?

Als wir ins Pfarrhaus zurückkommen, ist Rachel da. Als sie uns berichtet, wie sie am Abend zuvor spontan reagiert hat, hilft uns das allen, ein bißchen lockerer zu werden. Sie war gerade auf einer Tagung, als man es ihr sagte, und konnte nicht weg. Sie mußte die ganze Zeit an uns denken und wußte, daß sie wahrscheinlich kein Auge zutun würde. Ehe sie ins Bett ging, forderte sie ihre Zimmergenossin auf: »Wenn ich nicht einschlafen kann, dann hau mir einfach was Schweres auf den Kopf.« Einen Augenblick lang war keiner der beiden klar, was sie da eigentlich gesagt hatte, aber als sie es kapierten, mußten sie fürchterlich lachen. Wie wir jetzt. Das ist die einzige Möglichkeit, auf solche Dinge zu reagieren. Es tut uns allen ungeheuer gut.

Rachels Mann, Chris, kommt heute abend. Und Jim. In der Zwischenzeit erklärt Rachel sich bereit, Chauffeur zu spielen. Ich darf nicht alleine außer Haus, aber sie erklärt sich bereit, zu meiner Verfügung zu stehen. Wo beliebt Madam als erstes hingebracht zu werden?

Ich möchte zu David. Man hat uns gewarnt, daß es im Krankenhaus von Presseleuten nur so wimmelt, aber Gott sei Dank sind keine zu sehen, als ich hinkomme. Vielleicht hat der Polizist, der vor der Tür Wache steht, sie alle weggescheucht. Es muß immer einer von ihnen hier sein, bis David seine Aussage machen kann. Als ich drinnen bin, fühle ich mich verknoteter als das Seil, mit dem die Männer meine Handgelenke gefesselt hatten. Das Mädchen, das David kannte, ist besudelt worden, es ist nicht mehr derselbe Mensch wie vorher, und er konnte nichts tun, um es zu verhindern. Wird er mich zurückstoßen? Wie wird er aussehen? Wenn um ihn herum lauter Infusionen und alle möglichen medizinischen Apparate aufgebaut sind, könnte es leicht passieren, daß ich es ihm nachmache und plötzlich ohnmächtig werde.

Die Schwester versucht, uns über unsere Gehemmtheit hinwegzuhelfen. Sie ist sehr freundlich und erklärt, ich könne zu jeder Tages- und Nachtzeit kommen. Wenn ich mit jemandem von ihnen reden will, sie sind da. Das ist tröstlich, aber ich drücke krampfhaft Davids Teddybär an mich, als ich ihr langsam in den Krankensaal folge. Alle Leute hier scheinen im Koma zu liegen oder schwerkrank zu sein; überall hängen Röhrchen und Schläuche. David macht da keine Ausnahme. Er liegt flach im Bett; die Seiten sind hochgeklappt, damit er nicht herausfallen kann. Auf seinem Gesicht klebt noch angetrocknetes Blut, und er hängt am Tropf. Kein schöner Anblick. Die Schwestern haben das Badesalz ausgewaschen, aber ich bezweifle, daß er je wieder in der Lage sein wird, es mit Entspannung in Zusammenhang zu bringen. Die blauen Flecken von dem Kricketschläger verblassen allmählich, aber da, wo er getroffen wurde, kann ich immer noch die Umrisse des Schlägers erkennen. Ein bißchen wie ein Brandmal. Ich will weinen, aber meine Augen bleiben total trocken.

Immer wieder versinkt David in Bewußtlosigkeit und taucht wieder auf. Er kann nicht viel reden, aber er schafft es, meine Hand zu nehmen. Er will wissen, wie lange er schon im Krankenhaus ist. Er glaubt, daß er schon seit zwei Wochen hier ist, und will nach Hause. Irgendwann gelingt es ihm, die Decke zu lüften und der Welt zu zeigen, was er nicht anhat. Er hat mich nicht zurückgestoßen. Ich würde ihn am liebsten in die Arme nehmen und nie mehr loslassen.

Dad liegt im Ealing-Krankenhaus in einem Einzelzimmer. Auch er hängt an einem Tropf. Sein eines Auge ist schwarz, das andere blutunterlaufen. Es sieht scheußlich aus. Sein Kopf tut ihm immer noch weh, und er spricht etwas undeutlich. Meistens redet meine Schwester. Gott sei Dank. Ich wüßte nicht, was ich sagen sollte. Ich bin wütend, daß er nicht in der Lage war, mir zu helfen. Das ganze Gerede von wegen männlichen Beschützern hat sich über Nacht in nichts aufgelöst. Ich bin froh, daß er rasch müde zu werden scheint und wir nicht lange bleiben müssen. Ich brenne nicht gerade darauf, wieder hierherzukommen.

Der Anblick des Eßtisches im Pfarrhaus muntert mich wieder auf. Er ist voller Blumen. Fünf Sträuße von der Kirche in Fulham, einer von meiner ehemaligen Schule und einer von Russell und Bromley, wo ich eine Zeitlang gearbeitet habe. Die beigelegten Karten klingen hoffnungsfroh. Ich bin sehr gerührt, wie viele an mich denken und für mich beten, und davon, wie schön die Blumen sind.

Die Leute tun offenbar alles, was sie können, um den Druck etwas zu mildern. Jemand aus der Gemeinde nimmt die Wäsche mit. Andere kochen etwas zu essen und bringen es vorbei. Zumindest berichten mir das die übrigen Familienmitglieder. Ich komme kaum dazu, einen Gedanken zu fassen, geschweige denn zu essen. Mum scheint jedoch ganz froh darüber zu sein. Plötzlich ist das ganze Haus voll. Ich. Rachel. Joe. Pug. Dave. Chris und Jim werden jeden Augenblick da sein. Alle möglichen Leute schauen kurz vorbei. Polizisten bewachen das Tor. Das Licht am Ende des Gartenweges ist kaputt, sie werden also eine Zeitlang auch nachts hier Dienst tun.

Wieder ein schrecklich langer Tag, aber ich komme immer noch nicht zur Ruhe. Von allen anderen hat man die Fingerabdrücke genommen. Jetzt bin ich an der Reihe. An der Wand ist ein sehr großer Abdruck, und sie wollen herausfinden, von wem er stammt. Gar nicht so leicht in einem Pfarrhaus: Viele Leute sind in den letzten paar Monaten hier gewesen. Als nächstes kommt der Mann, der das Phantombild anfertigen soll. Ich wollte schon immer mal ein Phantombild machen; es sieht so einfach aus. Mir wird bald klar, wie sehr ich mich getäuscht habe. Es ist mit das Schwierigste, was ich je machen mußte. Ich sitze da und versuche zu essen und zwischen fünfzig verschiedenen Augenpaaren auszuwählen; zwischendurch läutet es immer wieder an der Tür, Blumen werden abgegeben, und das Telephon schellt. Ständig irgendeine Unterbrechung.

Ich muß jeweils die Partien aussuchen, die mir am ähnlichsten erscheinen; der Mann legt sie dann auf die Umrisse eines Gesichtes. Das alles ist in Schwarz-Weiß, aber ich muß ihm sagen, welche Augen- und Haarfarbe. Mit am schwierigsten sind die Haare. Mann 3 hatte getöntes Haar, aber anscheinend gab es das noch nicht, daß man sich ein paar Strähnen färben ließ, als dieses Raster gemacht wurde, also müssen wir die hellen Teile mitverwenden. Für ein Bild brauchen wir Stunden, und dann muß ich sagen, zu wieviel Prozent die Bilder stimmen. Ich rechne damit, daß meine Erinnerung blockiert ist, was den Vergewaltiger betrifft, aber dieses Bild gelingt schließlich am besten. Das Endergebnis sieht ein bißchen so aus wie der Junge, der mir meinen ersten Kuß gegeben hat, aber ich glaube nicht, daß er sich sehr geehrt fühlen würde.

Ich kann es kaum erwarten, daß das alles vorbei ist. Jim ist gekommen, und ich sehne mich danach, zu ihm zu gehen. Die Polizei ist da anderer Ansicht. Sie wollen wissen, ob ich bereit bin, es mit einer Hypnotherapie zu versuchen, um mich vielleicht zu erinnern, wie der Name lautet, der während des Überfalls genannt wurde. Das möchte ich auch unbedingt wissen, und ich will ihnen helfen, so gut ich nur kann, aber keinesfalls werde ich mich einer Hypnose unterziehen. Ich will nicht, daß jemand in meinem Denken herumstochert, wenn ich nicht voll bei Bewußtsein bin. Sie haben von mir dreiundzwanzig Seiten voller Informationen bekommen. Das muß genügen.

Es dauert mehr als zwei Stunden, bis die Phantombilder fertig sind. Jim nimmt mich ganz fest in die Arme, aber wir können noch nicht miteinander reden. Pug war bei einer eigens angesetzten Gebetsstunde, die in der Kirche abgehalten wurde. Sie erzählt mir, daß eine von den Damen während der Zusammenkunft ganz besonders mitgenommen war. Ich rufe sie an, um ihr zu sagen, daß es mir gutgeht. Sie vergießt noch ein paar Tränen mehr bei dem Gedanken, daß ich mir Sorgen um sie mache. Ich wünschte, ich könnte sie alle anrufen. Die Presseberichte jagen den Leuten einen fürchterlichen Schrekken ein.

Für die Medien ist so etwas natürlich ein gefundenes Fressen. Jeder einzelne Nachrichtensender scheint darüber zu berichten. Wir haben es sogar bis in den »World Service« geschafft. Jim erzählt, kaum daß er heute morgen aufgelegt hatte, sind unmittelbar hintereinander fünf Anrufe von Leuten gekommen, die sich Sorgen machten, weil sie gehört hatten, was passiert war. Bestimmte Freunde scheinen zu einem regelrechten Auskunftsdienst plus Telephonseelsorge geworden zu sein. Hier anzurufen hat nicht viel Sinn. Die Leitungen sind fast dauernd belegt.

Jim hat den Eindruck, daß er die Anrufe wie ein Roboter hinter sich gebracht hat; anschließend ist er in Tränen ausgebrochen. Es ist wohltuend, endlich reden zu können. Ihm gegenüber habe ich keine Hemmungen. Wir gehen in mein Zimmer rauf, und ich erzähle ihm alles, was geschehen ist. Das hilft mir, all das anzuschauen, was die Männer gebraucht und mißbraucht haben. Ich bin entschlossen, sie nicht gewinnen zu lassen, und mit dieser »Geisterbeschwörung« gelingt es, jegliche Gefühle von Zorn oder Haß, die ich gegen mein Zimmer aufbauen könnte, in nichts aufzulösen. Ursprünglich stammt Jim aus Southport in Lancashire, und der erste Dialekt, den ich gelernt habe, war der Liverpool-Dialekt; ungefähr zwei Stunden lang tun wir uns keinen Zwang an. Ich würde es nicht gerade als die vornehmste Art bezeichnen, sich auszudrücken, aber so fällt es mir leichter, alles loszuwerden, auch wenn es ein bißchen ordinär klingt. Es ist ein Fall von »Lach oder wein«, und Lachen ist viel schöner. Auch wenn ich mir dabei den Brustkorb halten muß, damit die Rippen nicht so scheußlich weh tun.

Die Zeit hat eigentlich kaum eine Rolle gespielt, aber ich habe jetzt schon mehr als vierundzwanzig Stunden überlebt, seit das alles passiert ist. In dem einen Augenblick war ich zu Hause, im nächsten auf dem Polizeirevier oder im Krankenhaus. Ich habe bruchstückhaft die Nachrichten im Fernsehen mitgekriegt, anderes im Radio gehört, viele interessante, aber nicht ganz zutreffende Schilderungen der Ereignisse gelesen und gesehen, wie sich ein Meer von Blumen aus den Armen der Polizisten in unser Haus ergoß. Der Tag neigt sich seinem Ende zu, und ich bin erschöpft. Dank Jim habe ich keine Angst mehr vor meinem Zimmer. Der Polizist steht unerschütterlich am Ende der Auffahrt, und die Worte des Liedes treiben auf der Oberfläche meines Bewußtseins dahin. Ich kann in Frieden schlafen.

Kapitel sieben

Der Samstag vergeht wie im Fluge. Ich muß an so vieles denken, so vieles erledigen. Immer noch beherrscht der Überfall die Titelseiten, obwohl die Zeitungen sich jetzt mehr für die Beschreibungen und die Phantombilder der Männer interessieren. Alle scheinen erstaunt, an wie viele Einzelheiten ich mich erinnert habe. Hoffen wir, daß das hilft, die Beteiligten zu schnappen. Bald. Die Polizei klingt jedenfalls ganz zuversichtlich. Wenn sie so viele Hinweise kriegen wie wir Briefe, dann dürften sie keine allzu großen Probleme haben. Heute früh ist der Postbote mit den besten Grüßen vom Postamt und einem ungefähr zwanzig Zentimeter dicken Stapel Post gekommen. Vier Leute haben eine geschlagene Dreiviertelstunde gebraucht, nur um die Briefe zu öffnen und die Marken abzulösen, die wir an den Wohlfahrtsverein schicken. Die von der Post müssen Überstunden gemacht haben, um aus einigen der Adressen schlau zu werden. Auf vielen stand lediglich: »Pfarrhaus Ealing«, aber sie sind angekommen.

Die Großzügigkeit der Leute ist überwältigend. Wir haben gar nichts Besonderes getan, aber ständig kommen irgendwelche Sachen: Karten, Briefe, Geschenke, Geld, Pralinen, Topfpflanzen und Blumen, Angebote, bei irgendeiner Familie Urlaub zu machen, Wein, Plüschtiere. Der arme Scrubby hat was abbekommen. David hat sein Ohr vollgeblutet. Im Vergleich zu den anderen Stofftieren sieht er ziemlich bemitleidenswert aus, aber ich habe nicht die Absicht, mich von ihm zu trennen. Oder von den Pralinen. Pug und ich sorgen schon dafür, daß sie bald verschwunden sein werden. Dad wird den Wein zu schätzen wissen. Er hatte gerade zwei Flaschen Champagner bekommen dafür, daß er Joe für den Diner's Club angeworben hatte, als die Männer am Donnerstagvormittag dazwischenkamen. Sie wollten Geld, aber Dad war vor allem wild entschlossen zu verhindern, daß sie seinen Champagner finden.

Im Augenblick ist er wohl vollauf mit den Briefen beschäftigt. Er hat Post von Mrs. Thatcher, von Neil Kinnock, von verschiedenen Erzbischöfen und allen möglichen VIPs bekommen. Es passiert nicht jeden Tag, daß ein einfacher Pfarrer einen Brief von der Premierministerin erhält. Oder vom Oppositionsführer, auch wenn der nur um die Ecke wohnt. In den meisten Briefen spricht man uns Mut zu. Einige bieten ihre Hilfe an, andere sagen, daß sie für uns beten. Oft stammen die Briefe von Leuten, die selbst vergewaltigt oder überfallen worden sind. Eine ältere Dame erzählt, sie sei das Opfer eines solchen Überfalls geworden, als sie Mitte Zwanzig war, und sei immer noch nicht darüber weg. Kein besonders tröstlicher Gedanke. Ich will nichts davon wissen, daß es mehr als sechzig Jahre dauern kann, bis man damit fertig wird. Die Briefe von der Gefängnisgemeinde sind da schon tröstlicher. Viele sind ehrlich entsetzt über das, was da passiert ist, und bringen ihren Abscheu und ihre Betroffenheit zum Ausdruck. Ein paar haben uns Bilder oder Photos geschickt, die für sie eine ganz besondere Bedeutung haben. Es rührt mich, Geschenke von diesen Männern zu bekommen, die so wenig haben, was sie geben können.

Ein Satz, der in den Briefen mit ziemlicher Regelmäßigkeit auftaucht, lautet: »Ich weiß nicht, was ich sagen soll.« Wenn das irgend jemandem ein Trost ist – ich weiß es auch nicht. Vor Jahren hat mir einmal ein Freund erzählt, wie überfordert er sich fühlte, als seine Freundin vergewaltigt worden war. Er hat sich offenbar an dieses Gespräch erinnert, denn er hat Blumen geschickt und dazu eine Karte mit den Worten: »Ich weiß nicht, was ich sagen soll.« Er ist nicht reingekommen. Er hat sie einfach bei dem Polizisten am Tor hinterlassen. Das ist völlig in Ordnung. Ich weiß, daß er an mich denkt, sich aber nicht aufdrängen will. Solange er nur seiner Phantasie nicht freien Lauf läßt und alles für schlimmer hält, als es in Wirklichkeit ist.

Ich will, daß alle wissen, daß sie sich meinetwegen keine Sorgen zu machen brauchen. Ich breche nicht zusammen. Im Gegenteil. Ich glaube, einige Leute sind ein bißchen entsetzt darüber, wie ich reagiere. Sie haben nicht damit gerechnet, daß ich lache und Witze mache. Sie glauben anscheinend, ich müßte völlig am Boden zerstört sein oder so.

Pug hat ein paar Photos gemacht, um zu beweisen, daß ich gesund und munter bin. Im Hintergrund sind die Blumen zu sehen. Sie sind so prachtvoll, daß wir sie irgendwie verewigen mußten. Alle unsere Eimer und Vasen sind voll, und mittlerweile holen wir uns bereits welche aus der Kirche. Wir sind fast schon so weit, daß wir die Sträuße in der Badewanne stapeln. Kurz über lang wird das Haus voll davon sein. Ich habe eine Bedingung gestellt, was die Photos betrifft. Sie dürfen nicht zu düster wirken. Das einzige Mal, daß ich ein Photo von jemandem, umgeben von Blumen, gesehen habe, war eins von Pete, das nur ein paar Tage vor seinem Tod aufgenommen worden war. Ich haßte es. Ich wollte ihn so in meiner Erinnerung bewahren, wie er war. Wenn irgend jemand ein Photo von mir vor einem solchen Hintergrund machen will, dann muß es voller Leben sein. Schon jetzt drehen genügend Leute meinetwegen fast durch.

Ich bin überrascht, wie viele Leute erraten haben, daß es um mich geht. Andererseits denke ich, daß das nicht weiter verwunderlich ist. Die Zeitungen haben zwar meinen Namen nicht genannt, aber es sind genügend Einzelheiten bekanntgeworden, so daß die Leute kaum daran zweifeln können, daß ich diejenige war, die vergewaltigt wurde. Michael Saward hat nur drei Töchter, das schränkt die Möglichkeiten schon mal ein. Die Zeitungen haben auch noch einige andere Einzelheiten gebracht, etwa, was für einen Job mein Freund hat und den Namen meiner Zwillingsschwester. Ein halbes Dutzend Leute haben geglaubt, es sei Pug gewesen. Alle anderen scheinen schnell dahintergekommen zu sein, daß ich es war.

Ich versuche beharrlich so weiterzumachen wie immer, trotz des ganzen Rummels, aber nichts ist wie immer. Rachels Chris versorgt die Blumen und erledigt den Haushalt, Pugs David kocht, und Joe kümmert sich um die Presseleute. Jim ist für die Seele zuständig. Er steht uns in geistlicher Hinsicht bei. Mit ihm kann man besser reden. Er ist neutral, ihn kann man akzeptieren. Bei ihm gibt es nicht diese gefühlsmäßigen Verknotungen.

Nachmittags gehen Pug und ich David besuchen. Sein Zustand hat sich leicht gebessert, und wir können etwas länger bei ihm bleiben. Pug hat Pralinen gekauft, damit er ein Geschenk für seine Mutter hat. Morgen ist Muttertag, und seine Eltern kommen ihn besuchen. Ich weiß nicht, ob er es auch wirklich mitgekriegt hat, auf jeden Fall lassen wir die Pralinen auf seinem Nachttisch. Ungefähr alle halbe Stunde kommt eine der Schwestern, um ihn zu fragen, wer er ist, wo er ist, wo er wohnt und so weiter. Da er nicht aus London ist und die Gegend um das Krankenhaus nicht besonders gut kennt, ist er sich nicht ganz sicher, aber er erinnert sich ohne weiteres an meine Telephonnummer. Er haßt diese dauernde Fragerei und langweilt sich inzwischen fürchterlich. Man hat ihn an das Ende des Krankensaals verlegt, aber er darf keine Zeitungen lesen oder fernsehen, ehe er seine Aussage gemacht hat. Die Zeit muß ihm unendlich lang werden. Es gibt ja sonst kaum etwas, das er in seinem derzeitigen Zustand machen könnte.

Ein Bekannter hat seine Eltern die Nacht durch von Schottland hergefahren. Sie kommen Sonntagmorgen an und machen sich große Sorgen um David. Man hat ihnen die Nachricht von dem Überfall so ungeschickt beigebracht, daß sie keine Ruhe haben werden, bis sie ihn selber gesehen haben. Trotzdem werden sie zuerst mit uns am Gottesdienst teilnehmen. Da heute Muttertag ist, wird die Kirche gesteckt voll sein, aber nichts wird mich davon abhalten, meinem Gott die Ehre zu erweisen. Mum hat die Presse gebeten, uns in Ruhe zu lassen. Pug und ich haben verschiedene uns persönlich bekannte Pfarrer angerufen, daß sie sich unserem Gebet anschließen. Irgend jemand hat organisiert, daß während des Gottesdienstes eine Erklärung des Bischofs von Willesden und im Anschluß daran eine von der Familie verlesen wird. Dann werden wir während des ersten Chorals durch den Seiteneingang die Kirche betreten.

In unserer Gruppe – beide Familien und ein paar Freunde

aus der Gemeinde – sind wir ungefähr vierzehn Leute. Man sagt oft, daß man in einer größeren Menge sicherer ist, aber ich fühle mich immer noch sehr verletzlich und ausgeliefert, als wir aus der Haustür treten und die Kameras zu klicken anfangen. Die Presseleute haben Mums Bitte einfach ignoriert. Ich glaube, ich bin in meinem ganzen Leben noch nicht so viel photographiert worden. Sie haben sogar in einem Zimmer des Gasthauses, von dem aus man unsere Auffahrt überblickt, eine Kamera mit Teleobjektiv installiert. Das Ganze wirkt eher wie eine Pressekonferenz als wie zwei Familien, die am Sonntagmorgen in die Kirche gehen.

Wie erwartet, ist die Kirche gesteckt voll. Die übliche Menge wegen des Muttertags und zusätzlich einige Leute, die gekommen sind, um uns beizustehen. Oder um in die Nachrichten zu kommen. Die Kameras bleiben draußen. Drinnen sind jetzt die Reporter an der Reihe, die alles mitschreiben. Fast der ganze Gottesdienst rauscht irgendwie an mir vorbei, aber ich spüre ganz deutlich die Anteilnahme der Leute. Ich weiß, daß überall auf der Welt Christen für mich beten. Mitten in all der Verwirrung, dem Schmerz, dem Gefühl, ständig gefordert zu sein, verspüre ich ein so ungeheures Gefühl von Frieden und Freude, wie ich es noch nie erfahren habe. Die Gebete helfen mir und verleihen mir die Kraft weiterzumachen.

Ich bin überhaupt nicht aufgewühlt. Ich schreie nicht auf: »Gott, warum?« Ich bete nur immer wieder: »Laß mich das durchstehen.« Ich weiß, Gott wird mich nicht stärker fordern, als ich es ertragen kann, auch wenn wir uns gelegentlich mal darüber unterhalten müssen, wie weit er manchmal die Grenzen steckt. Am Ende des Tages ist Er der einzige, der mir helfen kann, der weiß, was geschehen ist. Bis jetzt hat Er mich nicht im Stich gelassen. Ich brauche keine Angst zu haben. Ich kann darauf vertrauen, daß Er alles wieder in Ordnung bringt.

Die Gemeinde singt leise. Es ist fast Zeit für die Kommunion. »Für mich gebrochen, für dich gebrochen«, wiederholt der Refrain des Chorals. Pug kann nicht mehr, sie muß rausgehen. Ich beiße die Zähne zusammen und halte durch. Es ist, als wärc cin Teil von mir in eine Million Stücke zerbrochen, die sich nie wieder zusammenfügen werden, aber in meinem zerbrochenen Zustand fühle ich mich Jesus sehr nahe. In einigen Briefen wird das, was ich durchgemacht habe, mit seiner Leidensgeschichte verglichen. Ich weiß nicht, ob ich dem vom Theologischen her zustimmen kann, aber es hat mir bewußtgemacht, welchen Schmerz Gott erlitten haben muß, als Er Jesus für uns sterben ließ. Der Schmerz über seine Welt, die zerbrochen und in Stücke zerfallen war. Das macht mich sehr demütig.

Ich habe darum gebeten, daß ich die Kommunion als letzte erhalte, nach allen anderen. Ich muß mich noch einer ganzen Reihe von Tests unterziehen, ob ich mich irgendwie infiziert habe, und will niemanden anstecken. Ich bin nicht besonders scharf auf den Wein und hoffe, daß nur noch ein winziger Schluck übrig ist. Pech gehabt. Es ist noch ziemlich viel in dem Becher. Ich schlucke es runter, obwohl ich selber nicht weiß, wie.

Gebete, die die Männer betreffen. So schwer ist das doch gar nicht: »Gott, mach, daß sie bald erwischt werden, damit sie keinem anderen mehr Schaden zufügen können.« Wir stimmcn in das Vaterunser ein. Die Worte sind mir von Kind auf vertraut. Wir mußten sie in der Schule jeden Tag aufsagen; ich fand das damals ziemlich langweilig. Jetzt geht es mir ab, daß ich sie nicht mehr so regelmäßig spreche. Es gibt so viele verschiedene Fassungen, daß ich Mühe habe, mich an die Worte zu erinnern:

»Und vergib uns unsere Schuld, wie wir vergeben unseren Schuldigern.«

Das ist eindeutig, oder etwa nicht? Vielleicht will ich mich gar nicht an den Text erinnern? Er trifft mich zu sehr. Kann ich diesen Männern vergeben? Es hätte keinen Sinn, diese Worte auszusprechen, wenn ich nicht bereit wäre, sie in die Tat umzusetzen. Gott wird wissen, ob ich sie ehrlich meine, auch wenn es sonst niemand weiß. Es sieht nicht so aus, als könnte ich groß wählen. Ich weiß das aus schmerzlicher Erfahrung: Wenn ich einen Groll gegen jemanden hege, bin ich diejenige, die leidet. Ich werde dann bitter und wütend.

Ein Freund der Familie wurde eines Tages zudringlich. Ich war wie vor den Kopf geschlagen und sehr wütend. Wir kannten ihn seit Jahren; ich hatte ihn gemocht und wirklich geschätzt. Was fiel ihm eigentlich ein? Er bat mich, ihm zu verzeihen, und brachte mich sofort nach Hause, wobei er sich pausenlos entschuldigte. Ich knurrte, ich hätte ihm verziehen, und damit wäre die Sache erledigt. War sie aber nicht. Meine Lippen hatten zwar die Worte korrekt geformt, aber jedesmal, wenn er auch nur in die Nähe kam, ignorierte ich ihn oder war grob zu ihm.

So ging das ungefähr drei Jahre lang, bis ich eines Tages aufhörte, darüber nachzugrübeln. Ich selbst erwartete von Vergebung, daß sie bedingungslos ist, daß damit wirklich reiner Tisch gemacht ist, und doch hatte ich diesen Mann jahrelang immer wieder gekränkt. Jetzt war es an mir, um Verzeihung zu bitten. Es tat gut, wieder Freund zu sein und den Ärger und Groll zu vergessen. Es war für mich genauso schlimm gewesen wie für ihn. Er hatte schon vergessen, wie alles angefangen hatte. Nachdem ich das erlebt hatte, schien es einfach keinen Sinn mehr zu haben, gegen irgend jemanden einen Groll zu hegen. Dazu ist das Leben viel zu kurz. Niemand weiß, was als nächstes geschehen wird. Ich habe mir damals ziemlich genau überlegt, wie meine Einstellung zur Vergebung ist, und das ist mir noch ganz frisch in Erinnerung. Eigentlich fällt es mir gar nicht schwer, für die Männer zu beten. Ich weiß, was für Konsequenzen es hat, wenn man anderen nicht vergibt, und ich habe nicht die Absicht, mich ein zweites Mal von ihnen fertigmachen zu lassen.

Kapitel acht

Als ich die Sonntagsblätter zu Gesicht bekomme, bin ich nicht mehr ganz so nachsichtig gestimmt. In »News of the World« ist zu sehen, wie ein Künstler sich die Ereignisse vom 6. März vorstellt. Eine spärlich bekleidete Version von mir wird mit dem Messer bedroht und aus dem Zimmer gezerrt, während Dad und Dave geprügelt werden. Meine Leute sind wütend, und für David ist es auch nicht gerade gut. Als ich ins Krankenhaus komme, hat er es irgendwie geschafft, an ein paar Zeitungen zu kommen, einschließlich »News of the World«. Er ist unglaublich wütend, und ich mache mich schon darauf gefaßt, daß er sie in Fetzen reißt. Der Polizist, der vor dem Krankensaal postiert ist, löst das Problem, indem er alle Zeitungen mit hinausnimmt. Jetzt muß ich mir nur noch etwas einfallen lassen, um David zu beschäftigen. Keine leichte Aufgabe, wenn wir genau über das Thema, das sich in unserem Denken immer wieder in den Vordergrund schiebt, nicht sprechen sollen, bis er seine Aussage gemacht hat.

Er hat darum gebeten, daß man ihm sein eigenes Radio bringt, aber die Kopfhörer drücken zu stark auf sein Ohr. Die Schwestern tun ihr Bestes, um ihn aufzuheitern, und es ist etwas einfacher, jetzt, wo seine Eltern da sind; aber sein Vater haßt Krankenhäuser, deswegen sind sie nicht allzulange geblieben. Manchmal ist David noch ein bißchen verwirrt. Er hat mich gefragt, was seine Eltern hier wollen. Offensichtlich hat er zwar daran gedacht, seiner Mutter von den Pralinen zu erzählen, aber vergessen, daß sie für sie gedacht waren. Sie hat ein paar davon gegessen, aber ein schlechtes Gewissen bekommen, daß sie ihm seine Süßigkeiten wegißt. Die restlichen hat sie ihm dagelassen.

Ich besuche Dad, aber es sieht so aus, als würde sein Zustand sich eher verschlechtern als verbessern. Diesmal reden wir miteinander. Nicht viel, aber es genügt. Er hält anscheinend die

Berichte in der Presse und im Fernsehen für viel ausgewogener als ich. Er ist ganz beeindruckt, wie zurückhaltend und teilnahmsvoll einige der Artikel waren. Er will, daß wir alle Zeitungsausschnitte aufheben und alles, was wir kriegen können, auf Video aufnehmen. Bitte sehr. Fast über Nacht ist Vergewaltigung zu einem heißen Thema geworden, und es sieht ganz so aus, als würde es das eine Weile bleiben. Mir hängen die Überschriften, die Zwischenüberschriften, die Wahrheit, die volle Wahrheit und nichts als die Wahrheit schlicht und ergreifend zum Hals raus.

Ich weiß, daß die bei der Polizei ein spezielles System haben, nach dem sie gerade so viel Informationen an die Presse weitergeben, daß die Aussicht besteht, aus der Öffentlichkeit zusätzliche Hinweise zu bekommen. Mir ist klar, daß das vielleicht etwas bringt, aber ich wünschte, es gäbe eine Möglichkeit, das Opfer zu warnen, was auf es zukommt. Die »Daily Mail« hat ihre Version des Handschuhs abgedruckt, der bei dem Überfall eine Rolle spielte. Das Bild zeigt einen schwarzen Autohandschuh, der einen Teil der Spinnennetztätowierung freigibt. Er hat überhaupt keine Ähnlichkeit mit dem Handschuh, den der Mann anhatte, aber der Anblick hat mich völlig verstört. Die Polizei vertritt den Standpunkt, daß das hilfreich ist. Wenn Leute anrufen und das Verbrechen gestehen, können sie sie fragen, was sie angehabt haben. Wenn sie antworten: einen schwarzen Autohandschuh, dann kann man die betreffende Person von vornherein ausschließen. Das mag ja sein. Es wird lange dauern, ehe ich schwarze Autohandschuhe aus Leder sehen kann, ohne einen Schreck zu bekommen.

Es ist erstaunlich, wie viele Leute tatsächlich anrufen und der Polizei die Zeit stehlen. Eine Frau hat gesagt, sie sei ein Medium, und die Vergewaltiger würden um zwei Uhr morgens am Flughafen Luton ein Flugzeug entführen. Jedem einzelnen Hinweis muß nachgegangen werden. Kein Wunder, daß so viele Leute auf diesen Fall angesetzt sind. Ungefähr zwei Dutzend Beamte überprüfen alle eingehenden Hinweise.

Die Reaktion auf die Personenbeschreibungen und die Phantombilder war überwältigend. Kriminelle haben sich querbeet gegenseitig verpfiffen. Im Überfalldezernat in Hanwell, wo alles koordiniert wird, sind Hunderte von Anrufen eingegangen. Wenn sie wirklich allen Hinweisen nachgehen, müßte das für ihre Verbrechensaufklärungsquote eigentlich Wunder wirken.

Meine Einwände richten sich auch überhaupt nicht gegen die Polizei. Bei denen sind es nur wenige, an denen ich etwas auszusetzen hätte, wenn man mal von dem Arzt absieht. Sie machen ihre Sache prima, und ich will sie bei ihrer Arbeit auch nicht behindern. Mich ärgert vielmehr, wie alles zu einer Sensation aufgebauscht wird. Von Anfang an hat die Presse sich auf die Geschichte gestürzt, und sie will offenbar auch noch das letzte dabei herausholen. Vergewaltigung wirkt sich in jedem Fall günstig auf die Auflagenhöhe aus, und der Umstand, daß es in einem Pfarrhaus passierte, ist ein zusätzliches Plus. Man hat sich doch noch einen Sinn dafür bewahrt, daß es unrecht ist, das Haus Gottes zu besudeln, und ein Pfarrhaus ist so etwas wie ein Anhängsel davon. Und daß die Pfarrerstochter das Opfer ist? Das ist noch einmal für eine Auflagensteigerung von ein paar tausend gut. Es war interessant zu beobachten, wie sie allmählich bei diesem Punkt etwas zurückhaltender wurden, nachdem einige Leute wegen der Anonymität Krach geschlagen hatten. Jetzt heißt es meistens »eine Frau«. Die sich eben rein zufällig im Pfarrhaus aufhielt. Ein Jammer, daß keiner vorher auf diese Idee gekommen ist.

Dieser ganze Rummel hat mir wahrhaft die Augen geöffnet. Ich hätte nie gedacht, daß die Zeitungen soviel über mich schreiben können. Ich war der Ansicht, daß den Opfern von Vergewaltigung volle Anonymität sicher ist. Offenbar habe ich mich getäuscht. Allmählich werde ich immun gegen die Schlagzeilen, in denen auf die »Jungfrau« angespielt wird, aber ich hasse dieses Gerede. Viele Leute glauben anscheinend, daß das sowieso nur ein Hirngespinst ist, so in der Art: »Das mußten sie doch sagen, stimmt's? wo sie doch die Tochter eines Pfarrers ist.« Ich schätze, diese Leute könnte ich nicht einmal überzeugen, wenn ich ihnen das Blut auf dem Bettuch zeigen würde.

Einige der Geschichten, mit denen die Zeitungen aufgewartet haben, waren regelrecht faszinierend, vor allem wenn es darum ging, wie mutig ich war. Ich habe mich überhaupt nicht mutig gefühlt. Ich habe einfach getan, was mir am richtigsten schien. Die Art, wie die Presse mich aufbaut, vermittelt mir das Gefühl, als läse ich eine Geschichte über eine völlig andere Person. Außerdem stimmt vieles schlicht nicht. Einer Zeitung zufolge ist David Lehrer an einer Sonntagsschule. Er selber würde sich als Agnostiker bezeichnen. Jemand anders hat Verlobte aus uns gemacht, was ein bißchen voreilig ist, um es zurückhaltend auszudrücken. Unser Alter ist eine Quelle ständigen Vergnügens. An dem einen Tag sind wir fünfundzwanzig, am nächsten zwanzig. Es ist sogar vorgekommen, daß wir innerhalb weniger Zeilen älter oder jünger wurden.

Nicht so vergnüglich ist die Tatsache, daß fast alle Zeitungen schreiben, Dad und David hätten gesehen, wie ich vergewaltigt wurde. Das ist nicht wahr. Ich wünschte, ich könnte es in riesengroßen Buchstaben auf alle Reklametafeln im ganzen Land schreiben. Ich sehe ein, daß diese Geschichte eine »Nachricht« ist und daß die Leute sie drucken wollen. Aber ich komme einfach nicht klar damit, daß sie solche Mengen schreiben oder daß sie Dinge erfinden, wenn sie keine handfesten Informationen bekommen. Die Vergewaltigung war schon schlimm genug. Und das ist jetzt wie eine zweite Schändung. Ich habe keinerlei Einfluß auf das, was da abläuft. Es deprimiert mich, daß ich keine Möglichkeit habe, die Dinge richtigzustellen. Wir halten uns an den Rat der Polizei und sagen gar nichts, trotz des Drucks, den man auf uns ausübt. Die Presse tut, was sie kann, um Interviews zu kriegen. Sie packen jede Gelegenheit, die sich bietet, beim Schopf. Wie Blutegel, die einem das Blut aussaugen wollen. Ob ich nicht mit diesem oder jenem reden will? Für ein Exklusivinterview würden sie mir ja soviel bieten!

Bei einer Zeitung hat Rachel dann doch angerufen und sie gebeten, uns in Ruhe zu lassen. Es ist schon so, vieles von dem, was da geschrieben wird, ist frei erfunden, vor allem die sogenannten »Zitate«. Wir haben der Presse beharrlich nur die eine Antwort gegeben: »Schert euch zum Teufel.« Beziehungsweise in der polizeilichen Formulierung, die etwas höflicher klingt. Dad tut, was er will. Er kocht sein eigenes Süppchen, was die Presse betrifft. Er hat darin mehr Erfahrung als ich.

Ich habe das schreckliche Gefühl, daß es nur eine Frage der Zeit ist, bis irgend jemand aufs Ganze geht und ein Photo von mir veröffentlicht. Vom ersten Tag an sind sie sich gegenseitig auf die Füße getreten, um ein Bild zu ergattern. Die Polizei tut, was sie kann, um das zu verhindern, aber ich weigere mich, mich im Haus einzusperren oder noch einmal unter einer Decke versteckt durch die Gegend zu schleichen. Ich tue, was ich kann, um die Photographen irrezuführen; zum Beispiel habe ich, als wir in die Kirche gegangen sind, einen Pullover angezogen, auf dem Pugs Name stand. Im übrigen muß ich mich einfach auf das Gefühl für menschliche Anständigkeit verlassen.

Vergebliche Hoffnung. Der Montag kommt und mit ihm eine ganzseitige Photographie auf der Titelseite der »Sun«. Mein Gesicht und der Name auf dem Pullover sind eingeschwärzt, aber ansonsten: Da bin ich, für alle Welt zur Besichtigung freigegeben. Joe ruft sofort bei der Zeitung an. So kann das nicht weitergehen. Er setzt sich mit dem Presserat in Verbindung. Dort versichert man ihm, daß sie schon von sich aus eine Untersuchung über die Aktivitäten der Medien bei diesem Fall eingeleitet haben.

Das ist zumindest ein kleiner Trost. Inzwischen können wir nichts tun, als weiterzumachen. Ich habe David heute noch nicht besucht. Es tut gut, etwas zu unternehmen. Beim Charing-Cross-Krankenhaus findet Rachel nicht gleich einen Parkplatz. Ich freue mich über die unerwartete Freiheit, alleine zum Aufzug vorgehen zu dürfen. Meine Freude währt nicht lange. Während ich so dastehe und auf den Lift warte, merke ich plötzlich, daß ich den gleichen Rock, die gleichen Stiefel und die gleiche Jacke anhabe wie auf der Titelseite der »Sun«. Ich habe das Gefühl, als starrten alle mich an. Wie konnte ich nur so blöd sein? Man stelle sich nur mal vor – in den gleichen Sachen außer Haus zu gehen, wo doch überall Exemplare von dieser Zeitung rumliegen. Alle werden wissen, wer ich bin und was ich durchgemacht habe. Das dürfte nicht sein. Das tut weh.

Trotz des Aufschreis der Entrüstung über dieses Titelbild wollen die Fernsehleute wissen, ob ich ihnen ein Interview gebe, wenn ich ausgeblendet werde. Sie glauben, es würde dazu beitragen, die Männer zu finden. Das bezweifle ich sehr. Aber was hat es überhaupt noch für einen Sinn zu versuchen, meine Identität zu wahren? Im Grunde genommen kennt sie mittlerweile doch eh jeder.

Als ich mich einigermaßen von diesem Schlag gegen meine Selbstachtung erholt habe, schreibe ich an Harry Greenway, ein Parlamentsmitglied aus unserem Bezirk und Freund der Familie, der schon vorher unseretwegen Krach geschlagen hat. Er hat bereits meinen Vater im Krankenhaus aufgesucht und im Parlament seine Entrüstung über die derzeitige rechtliche Situation zum Ausdruck gebracht. Die ganze Sache wirkt wie ein Stich in ein Hornissennest. Parlamentsmitglieder, Anwälte, Journalisten (von der respektableren Sorte), Personen des öffentlichen Lebens und der »National Council for Civil Liberty« (Nationaler Rat für bürgerliche Freiheit) fordern mit allem Nachdruck eine Gesetzesänderung – vor allem als der Generalstaatsanwalt eine Verlautbarung veröffentlicht, laut der die »Sun« sich nicht strafbar gemacht habe, als sie mein Bild veröffentlichte. Das Gesetz, das eine Identifizierung verbietet, findet erst dann Anwendung, wenn eine Person der Vergewaltigung angeklagt ist. Es scheint, daß man ohne weiteres meine ganze Lebensgeschichte drucken darf, wenn dies der Aufklärung des Falles dienlich ist, und zwar so lange, bis jemand verhaftet wird. Die Polizei kann der Presse nahelegen, sich zurückzuhalten, aber es gibt keine eindeutigen Vorschriften – außer solchen, die die beteiligten Männer schützen. Das kommt mir alles so ungerecht vor. *Ich* erscheine in den Schlagzeilen. Die Identität des Vergewaltigers wird nicht preisgegeben, bis er für schuldig befunden worden ist. Ich bin sprachlos.

Harry Greenway glücklicherweise nicht. Er führt eine Gruppe von Parlamentsmitgliedern an, die sich an die Spitze einer Initiative des Unterhauses setzen, nach der ein Gesetz eingeführt werden soll, und zwar »umgehend, um eine mittelbare oder unmittelbare Veröffentlichung des Namens oder der Identität eines jeden mutmaßlichen Opfers einer Vergewaltigung unter allen Umständen zu verbieten«.

Ich habe jemanden gefunden, der für mich spricht. Amen.

Kapitel neun

Mein Husten und die Erkältung werden immer schlimmer. Auch die Schmerzen in der Brust. Rachel ruft die Ärztin an. Sie kommt nach der Vormittagssprechstunde vorbei. Mein Hymen blutet immer noch, also untersucht sie mich. Sie versichert mir, daß es bald aufhören wird, aber mein Husten und die Schmerzen in meiner Brust machen ihr Sorgen. Ihrer Ansicht nach könnte leicht eine Bronchitis daraus werden. Zu meinem Pech möchte sie mir keine Tabletten verschreiben, um die Schmerzen zu lindern, da die Polizei für zwei Tage später einen Termin in einer Spezialklinik vereinbart hat, und Medikamente könnten die Tests beeinflussen.

Das einzige, was sie mir anbieten kann, ist die »Pille danach«. Ich bin völlig durcheinander. Könnte es sein, daß ich schwanger bin? Als wir auf einer Freizeit der Jugendgruppe über Abtreibung gesprochen haben – ich war damals noch ein Teenager –, hatte mir ein Medizinstudent versichert, eine Schwangerschaft nach einer Vergewaltigung komme nur äußerst selten vor. Wie selten? War es dem Vergewaltiger gelungen, Sperma in mich zu ejakulieren? Wie soll ich das wissen? Was ist, wenn ich ein Kind erwarte? Ich bin nie für Abtreibung gewesen, und ich lehne auch die Spirale und die Pille danach ab. Sollte ich in meiner Situation einen Kompromiß schließen? Die Ärztin wartet auf meine Antwort. Es ist die letzte Gelegenheit, wenn die Pille danach wirken soll. Ich lehne das Angebot ab.

Um mich von den neuen beängstigenden Möglichkeiten abzulenken, gehe ich mit Mum und Pug spazieren. Es ist das erste Mal, daß ich wieder rausgehe, abgesehen von den paar Metern zum CVJM, und ich habe immer noch das Gefühl, daß alle mich anstarren. Allmählich frage ich mich, ob ich zwei Köpfe oder irgendeine fürchterliche Krankheit habe. Heute abend müßte ich zu dem monatlichen Gottesdienst ins Altersheim. Ich möchte Mrs. Richmond besuchen und ihr sagen, daß es mir gutgeht, aber ich weiß nicht, ob ich es ertrage, erneut zur Besichtigung freigegeben zu werden. Kein Mensch wird wissen, was er sagen soll. Ich glaube, die Leute scheuen davor zurück, von dem zu sprechen, was passiert ist. Ihnen ist nicht klar, daß ich keine Angst davor habe, darüber zu sprechen. Ganz im Gegenteil, mir fällt es schwer, über irgend etwas anderes zu reden. Schließlich begleitet Jim mich ins Altersheim. Das wird erst recht für Verwirrung sorgen. Sie haben mich in den letzten paar Monaten in Begleitung verschiedener Männer gesehen. Zumindest liefert ihnen das neuen Gesprächsstoff. Mrs. Richmond sitzt im Aufenthaltsraum und wartet darauf, daß der Gottesdienst beginnt. Ihr kommen die Tränen, als sie mich sieht. Sie nimmt meine Hand und läßt sie nicht mehr los. Sie hält sie den ganzen Gottesdienst hindurch und drückt sie tröstend, wenn mir etwas zu nahe zu gehen droht. Ehe wir gehen, umarmt sie mich lange. Sie ist sichtlich erleichtert, daß mit mir alles in Ordnung ist.

Ich wünschte, das könnte man auch von allen anderen sagen. Am Mittwoch kommt wieder der übliche Stapel Post. Unter den guten Wünschen ist ein Brief ganz anderer Art. Ohne Unterschrift. Es ist nicht der erste dieser Sorte, aber er ist an mich adressiert. Die Person, die ihn geschrieben hat, hat offensichtlich mein Photo auf der Titelseite der Zeitungen gesehen und billigt das nicht. Er beschwert sich, daß ich am Sonntag nicht zu Hause geblieben bin, wo niemand mich zu sehen bekommen hätte, und mich von allen ferngehalten habe. Wie kann ich es wagen, in die Kirche zu gehen? Es wird wohl das einzige Mal in meinem Leben sein, daß jemand mich photographieren oder mein dummes Gesicht sehen will. Er bezeichnet mich als »blöde Sau« und »dumme Kuh«. Die gleiche herzerquickende Sprache, deren sich der Vergewaltiger bedient hat. Vor allem das Postskriptum macht mir Angst:

»Ich werde Dich im Auge behalten.«

Ich lese die Worte, aber ich kann einfach nicht glauben, daß sie wirklich da stehen. Ich zittere vor Wut. *Ich* habe die Presseleute nicht gebeten, Photos von mir zu machen, und ich werde mich mit Sicherheit nicht in dem Haus einsperren, in dem man mir Gewalt angetan hat, nur um den Launen dieses Mannes nachzukommen. Ich lese den Brief den Leuten, die gerade im Zimmer sind, vor und zerreiße ihn dann in winzige Fetzen. Das einzig Gute daran ist die Briefmarke, die wir mit den anderen an eine Lebenshilfeorganisation schicken.

Ich weiß, daß Dad Briefe in ähnlichem Stil bekommen hat. Zwar habe ich nur ein paar davon gesehen, aber an den Fragen erkennt man sofort, welche Zeitung die Absender gelesen haben. Hat der alte Schmutzfink den Anblick genossen? Hat es ihn erregt? Die Wahrheit wird ja derart verdreht. Ich weiß, daß diese Leute nicht richtig informiert sind und daß sie krank sind, aber ich würde am liebsten losheulen, so ekelhaft ist das alles, einschließlich der Ansicht, daß Frauen nur für Küche und Sex geschaffen sind, für nichts sonst.

Wie ich später von der Polizei erfahre, hätte man die Absender wegen Versendens beleidigender Briefe anzeigen können, aber zu diesem Zeitpunkt liegen die Briefe schon ganz zuunterst in der Mülltonne, voll von Dreck und Fingerabdrücken. Wenn wir das vorher gewußt hätten, wären wir vorsichtiger damit umgegangen. Anscheinend kann die Polizei von einem Stück Papier noch bis zu drei Monate später Fingerabdrücke abnehmen.

Zu diesem Zeitpunkt bin ich in einer Verfassung, daß ich einer rationalen Überlegung kaum noch fähig bin, ich glaube nicht, daß ich je eine solche Wut hatte. Habe ich nicht schon genug durchgemacht? Schlimm genug, daß ich nicht alleine aus dem Haus darf. Überall muß ein Aufpasser mit: Jim, die Polizei, Rachel. Ich schimpfe, weil ich in meiner Bewegungsfreiheit derart eingeschränkt werde, aber es bleibt mir gar nichts anderes übrig. Ich muß mich beim Arbeitsamt melden, aber nicht einmal da darf ich hingehen, es könnte ja sein, daß ich dort einem der Männer begegne. Ein Polizeibeamter erledigt das für mich. Ich muß wissen, ob die Vergewaltigung in irgendeiner Weise einen Einfluß auf meine Ansprüche hat. Man händigt dem Polizisten ein purpurfarbenes Formular aus: »Nur im Falle einer Schwangerschaft infolge einer Vergewaltigung auszufüllen.« Ich bin nicht gerade überwältigt von der Feinfühligkeit des Sozialamts. Die Vergewaltigung liegt sechs Tage zurück, nicht sechs Wochen. Auch wenn ich manchmal das Gefühl habe, es sei so.

Ich muß mit mir selber ein ernstes Wörtchen reden. Jedesmal wenn sich im Pfarrhaus die Heizung einschaltet, knackt es, und ich erschrecke mich zu Tode. Es klingt, als wären Leute im ersten Stock. Ich muß diese Geräusche ignorieren, sonst drehe ich noch durch. Die knarrenden Bohlen sind nichts Neues. Die haben schon immer geknarrt.

Pug ist noch viel schreckhafter als ich. Eines Tages hat sie eine ganze Untergrundbahn zum Stillstand gebracht. In einem Wagen hatte sie jemanden gesehen, auf den ihrer Ansicht nach die Beschreibung paßte; sie stieg also in Hammersmith aus und rannte zum Schaffner und erzählte ihm das. Der Schaffner verriegelte die Türen, und Pug mußte zusammen mit einem Polizisten durch alle Waggons gehen. Als sie den Verdächtigen fanden, wurde er zum Verhör mitgenommen. Pug war das äußerst peinlich, weil dadurch der Zug ziemlich lange aufgehalten wurde.

Anscheinend hat die Polizistin sich lange mit ihr über das unterhalten, was letzte Woche geschehen ist. Ich wollte nicht, daß Pug es erfährt, weil ich Angst hatte, es könnte sie belasten, aber ihr Verstand hat allmählich durchgedreht, weil er keine richtigen Informationen hatte, mit denen er sich auseinandersetzen konnte. Und eines will ich mit Sicherheit nicht: daß sie sich auf der Grundlage dessen, was die Zeitungen zu sagen haben, ein Bild macht. Die haben nur den Effekt, daß wir alle uns noch elender fühlen.

Am Donnerstag ist wieder ziemlich viel los. Eine Woche ist vergangen, und die Polizei kommt mit einer mobilen Einsatzeinheit. Polizeischüler aus Hendon durchkämmen das Gelände. Die Polizei weiß bereits, daß die Männer den Weg seitlich am Haus entlang hinuntergegangen sind, weil dort jemand in einem der Gärten den Kricketschläger gefunden hat. Jetzt suchen sie nach weiteren Anhaltspunkten.

Mum hat mit dem Zubereiten heißer Getränke alle Hände voll zu tun. Ich schaue unbeteiligt zu. Ich habe immer noch nicht geweint. Vielleicht geht es bei Pugs Dave. Er war von dem, was mir passiert ist, im ganzen persönlich kaum betroffen; vielleicht könnte er dadurch, daß er einfach da ist und ich mich bei ihm ausweine, sein Teil beitragen. Als wir endlich alleine sind, erstatte ich ihm kurz Bericht, was passiert ist. Das ist alles andere als einfach, und Dave hat offenbar genau solche Schwierigkeiten wie ich. Eine einzelne Träne rinnt über seine Wange. Das bedeutet mehr als ein sprudelnder Quell. Meine Augen bleiben immer noch trocken. Vielleicht ist das auch ganz gut so. Ich muß nachher die Beerdigung eines Freundes durchstehen. Als wäre es nicht so schon genug.

Mum macht eine kleine Pause, um Dad zu besuchen. Sie ist bis jetzt jeden Tag dort gewesen. Ich gehe nur hin, wenn ich muß. Irgendwie weiß ich noch immer nicht, wie ich mich ihm gegenüber verhalten soll. Das Ödem in seinem Auge sieht abstoßend aus. Sein Zustand hat sich derart verschlimmert, daß sie kurzfristig daran gedacht haben, ihn ins Charing Cross zu verlegen. Er konnte keine Nahrung bei sich behalten und mußte sich die ganze Zeit übergeben; dadurch hat sich seine Speiseröhre entzündet. Unserer Ansicht nach hat man ihn zu früh vom Tropf genommen; sein Körper war noch nicht in der Lage, von selber richtig zu funktionieren.

Jetzt befindet er sich allerdings auf dem Weg der Besserung und hat dem Fernsehen bereits ein Interview gegeben. Die Zeitungen lassen sich eine solche Gelegenheit natürlich nicht entgehen. Er ist wieder in den Schlagzeilen: »Der Pfarrer vergibt«; »Ich empfinde keinen Haß gegen die Männer«; »Überfallener Pfarrer hegt keine Haßgefühle«. Einige Leute scheint seine Einstellung zu überraschen; sie haben offenbar das Gefühl, daß er kein Recht hat, den Männern zu vergeben. Wenn das der Fall ist, warum hat dann Jesus im Vaterunser so klare Richtlinien hinterlassen? Vielleicht kennen sie es nicht?

Es geht die Leute gar nichts an, was ich denke. Und in diesem Punkt stimme ich mit Dad überein. Ich habe den Männern bereits vergeben. Der einzige Kommentar von ihm, gegen den ich Einspruch erhebe, ist, daß ich »sein Schmuckstück« sei. Ich finde das sehr peinlich. Das paßt gar nicht zu ihm. Ehrlich gesagt, ich bin solche Gefühlsausbrüche bei ihm nicht gewöhnt. Warum sollte er ausgerechnet in mir etwas Besonderes sehen und nicht in Pug oder Rachel? Ich habe das nicht verdient. Wenn ich mich selber charakterisieren sollte, würde ich mich eher als einen ungeschliffenen Diamanten bezeichnen.

Dad meint, er hätte diesen Ausdruck verwandt, um das Ganze mit etwas in Verbindung zu bringen, über das die Leute nachdenken, und schließlich hat jedermann die Fernsehserie »The Jewel in the Crown« (»Das Schmuckstück«) gesehen. Ich halte das für ausgemachten Unsinn. Ich interessiere mich nicht für Edelsteine und wertvollen Schmuck. Sie bedeuten mir nichts. Nicht einmal Gold mag ich. Wenn ich Schmuck trage, dann normalerweise aus Silber, und nach dem Raubüberfall wird das wahrscheinlich auch so bleiben.

Sämtliche Zeitungen berichten, daß die Polizei mehrere Verdächtige festhält, aber ich denke nicht daran, mir deswegen irgendwelche Hoffnungen zu machen. Schon am Wochenende hat sich eine Spur als falsch erwiesen, und ich weiß ja mittlerweile, wie genau die Zeitungen es mit der Wahrheit nehmen. Ich konzentriere mich auf die nächste Hürde. Die ist hoch genug.

Vor neun Tagen war ich noch Jungfrau. Jetzt muß ich in eine Klinik für Haut- und Geschlechtskrankheiten. Die Polizei hat alles organisiert, und ich bin sehr erleichtert, daß zwei Polizistinnen mich begleiten. Die Klinik gehört zu einem normalen Krankenhaus, nicht weit weg, in Acton. Es ist nur ein kleiner Trakt, der vom Hauptgebäude abgesondert steht, aber kaum erwähne ich den Namen, da wissen alle sofort Bescheid. Die Atmosphäre ist entspannt und die Sekretärin freundlich, aber als ich im Wartezimmer sitze, kann ich nicht anders: Ich schaue mich um und frage mich, warum all die anderen hier sind. Ich schätze, eine Menge Leute lassen sich wegen irgendwelcher Mykosen oder ähnlichem behandeln, aber ich persönlich ginge, wenn ich die Wahl hätte, wegen so etwas nie in eine Klinik. Zu meiner Frauenärztin zu gehen ist mir schon peinlich genug. Plötzlich kommt mir, daß die anderen sich wahrscheinlich über uns noch viel mehr wundern und sich alles mögliche vorstellen. Warum kommen drei Frauen, eine im mittleren Alter und zwei noch ziemlich jung, ausgerechnet hierher?

Die Polizistinnen scheinen die unausgesprochenen Fragen zu spüren. Eine spricht mit einer Schwester, und man führt uns in ein separates Zimmer. Ob das die Sache besser macht, weiß ich nicht. Jetzt habe ich nichts mehr, worüber ich mir den Kopf zerbrechen kann, außer über die mir bevorstehende Untersuchung. Ich versuche, das Ganze von der komischen Seite zu sehen, aber in Wirklichkeit hasse ich es, hier zu sein. In dem Zimmer liegen eine Menge Broschüren herum, in denen genau erklärt wird, wie man sich mit den verschiedenen sexuell übertragbaren Krankheiten anstecken kann. Ich will das gar nicht wissen. Wir mußten das auf der Oberschule lernen – für die Abschlußprüfung in Biologie. Das hat mir vollauf gereicht.

Die Ärztin ist auf Vergewaltigungen spezialisiert. Die Nummer zwei in England, erklärt man mir. Als ich ihr vorgestellt werde, wirkt sie zuerst ein bißchen kurz angebunden, und mich verläßt aller Mut. Was ist, wenn ich mit ihr nicht zurechtkomme? Ich glaube nicht, daß ich das Ganze noch ein zweites Mal durchstehen könnte. Sie unterhält sich kurz mit uns, dann nimmt sie mich mit in ihr Sprechzimmer, um mir ihre Fragen zu stellen. Habe ich die Pille genommen? Irgendwelche Verhütungsmittel benutzt? Bin ich Raucherin? Gibt es irgendwelche erblichen Krankheiten in meiner Familie? Vertrage ich alle Medikamente? Habe ich irgendwelche Allergien? Irgendwelche Operationen gehabt? Sie fragt mich alles mögliche, und ich gebe ihr einen kurzen Abriß meiner Krankengeschichte und meines Sozialverhaltens. Ich hätte mir keine Sorgen zu machen brauchen. Jetzt, wo wir miteinander reden, ist sie die Freundlichkeit in Person.

Sie muß mich untersuchen, aber sie macht das viel behutsamer als der Polizeiarzt. Ich kann zwar nicht behaupten, daß es besonders angenehm ist, wenn ein Abstrich von Vagina, Anus, Harnröhre und Hals gemacht wird, und ich möchte das so schnell nicht wieder machen lassen, aber sie ist sehr vorsichtig und geschickt. Zu meiner großen Überraschung ist nicht einmal das Blutabnehmen so besonders schlimm. Normalerweise müssen die Ärzte es ein paarmal probieren, ehe sie meine Vene erwischen. Sie schafft es auf Anhieb.

Die Tests werden ergeben, ob schon irgendwelche Anzeichen einer Infektion feststellbar sind. Man wird mir die Ergebnisse in circa zehn Tagen mitteilen, obwohl es bei Gonorrhöe bis zu vier Wochen und bei Syphilis bis zu drei Monaten dauern kann, bis man sie diagnostizieren kann. Ich werde also später noch mehr Tests machen lassen müssen. Die Ärztin spricht sehr offen mit mir, aber auch schonend. Das Ganze könnte fast beruhigend auf mich wirken, wenn es nicht so grauenhafte Aussichten wären, über die wir reden. Zumindest brauche ich mir keine Gedanken wegen eines Schwangerschaftstests zu machen. Ich nehme an, sie haben einen gemacht.

Auf der Rückfahrt im Wagen merkt Carol, die Dienstältere, wie fertig ich bin. Sie betont noch einmal, daß das Team »auf Abruf« bereitsteht, wenn ich sie brauche, und nennt mir ein paar andere Stellen, an die Opfer von Vergewaltigungen sich wenden können. Sie erklärt mir, es gebe zwei Möglichkeiten: Entweder könne ich die ganze Angelegenheit »tot« begraben, indem ich den Schmerz und das Trauma aufarbeite und dadurch hinter mir lasse. Oder ich begrabe das Ganze »lebendig«. Das bedeutet, daß ich mich dem Schmerz verschließe und so tue, als sei er nicht da. Und mit den Folgen lebe, die sich daraus ergeben. Ich kenne jetzt die Alternative. Wenn Leute wie Carol zu mir stehen, dann, das weiß ich, kann ich es schaffen. Ich werde nicht zulassen, daß diese Männer mich zerstören. Ich werde es tot begraben.

Kapitel zehn

Die Männer sind verhaftet worden und kommen vor Gericht. Ich kann mich wieder sicher fühlen. Eins steht fest: Die Polizei hat keine Zeit vertan. Mein Vertrauen in sie war berechtigt. Sie ist ihrerseits beeindruckt von der Mitarbeit seitens der Bevölkerung. Mehr als tausend Anrufe sind in der letzten Woche eingegangen.

Hie und da haben wir etwas mitgekriegt, aber im Grunde konnte die Polizei uns nicht viel Neues erzählen. Ich glaube, sie waren überrascht, wie vieles ich mir selber zusammengereimt hatte. Sie meinen, ich hätte Detektivin werden sollen, weil ich das so gut kann: mir einzelne Informationen verschaffen und sie miteinander kombinieren. Vermutlich bin ich schlicht und einfach neugierig. Außerdem habe ich gerne einen Vorwand, um mit ihnen zu plaudern. Ein paar von ihnen sehen gar nicht schlecht aus. Wir haben das gesamte Team weit öfter zu Gesicht gekriegt, als ich erwartet hatte. In vieler Hinsicht sind sie fast ein Teil der Familie geworden.

Ich gebe das nur äußerst ungern zu, aber wahrscheinlich hatten sie recht, daß sie mich nicht allzuviel durch die Gegend spazieren ließen. Es sieht so aus, als stammten alle Verhafteten aus der näheren Umgebung. Jetzt, wo sie sicher hinter Schloß und Riegel sind, darf ich offiziell nach Ealing zum Einkaufen, solange jemand mitkommt. Ich habe sozusagen einen Spezialauftrag, und die Zeit wird allmählich knapp: Jemand hat uns einen großen weißen Teddybären geschenkt; er heißt Everest. Meine beiden Schwestern haben sich in ihn verliebt und weigern sich, ihn herzugeben, und das schafft Probleme, weil Rachel bald zu sich nach Hause zurückfahren wird. Da gibt es nur eines: einen zweiten kaufen. Das ist gar nicht so leicht, wie es klingt. So einer läuft einem nicht einfach über den Weg. Und billig ist er auch nicht. Keiner der Läden hier hat ihn vorrätig, also bestellen wir schließlich einen. Er soll Snowdon heißen. Ein recht passender Name, wenn man den stolzen Preis bedenkt. Wir wundern uns immer wieder, wie großzügig die Leute waren, was die Geschenke betrifft, die sie uns geschickt haben.

Dad wird das Angebot nutzen, bei jemandem Urlaub zu machen, sobald er sich dazu in der Lage fühlt. Er und David werden heute aus dem Krankenhaus entlassen, was ein kleines Wunder ist, wenn man bedenkt, in was für einer Verfassung die beiden waren und daß der Überfall erst acht Tage zurückliegt. Zeitweise hatte David ein Blutgerinnsel im Gehirn, so daß sie schon dachten, sie müßten ihn auch noch operieren – zusätzlich zu seinen anderen Verletzungen. Dad hat sehr abgenommen, aber er spricht jetzt schon etwas deutlicher, und der Bluterguß in seinem Auge bildet sich zurück. Gott sei Dank.

Er wird in einem normalen Krankenwagen nach Hause gebracht, im Schlepptau wieder einmal die Reporter. Diesmal wollen sie von mir nichts wissen. Ich soll Platz machen, damit ich ihnen ihre Aufnahmen nicht verderbe. Sie interessieren sich nur noch für die Festnahme. Ich habe nicht damit gerechnet, daß man mich einfach links liegen läßt, und ich finde diese Situation fast genauso schwierig zu bewältigen wie vorher die ganze Publicity. In dem einen Augenblick stehe ich im Mittelpunkt des Interesses, und im nächsten fordert man mich auf, zur Seite zu gehen, weil sie sonst ihre Photos nicht machen können. Es ist ein bißchen wie das Mutter/Baby-Syndrom, von dem man uns in der Schule erzählt hat. Solange sie schwanger ist, dreht sich alles um die Mutter, aber sobald das Baby da ist, läßt man sie links liegen. Ich weiß jetzt, wie sie sich fühlen muß. Ganz ausgepumpt und vernachlässigt. Die Presse hat mich zu etwas Besonderem hochstilisiert. Jetzt, wo das vorbei ist, lande ich reichlich unsanft auf dem Boden der Wirklichkeit.

Dad hat den Reportern mitgeteilt, daß er in Urlaub fahren wird. Er braucht etwas Zeit, um sich zu entspannen und zu erholen. Ich habe nichts dagegen einzuwenden. Ich bin selber urlaubsreif. Ich habe fast sieben Pfund abgenommen, und meine Brust tut mir immer noch scheußlich weh. Wenn David einigermaßen auf dem Damm ist, wollen wir am Montag mit seinen Eltern nach Schottland fahren.

Er wohnt bei Freunden und nicht im CVJM. Hier hat er mehr Ruhe. Seine Eltern waren die ganze Woche da und haben sich phantastisch verhalten, vor allem wenn man bedenkt, was sein Vater für eine Abneigung gegen Krankenhäuser hat. Sie haben David stundenlang besucht und ihn mit Essen versorgt. Vom Krankenhausessen hielt er nämlich nicht allzuviel. Jetzt ist seine Großmutter übers Wochenende gekommen und kümmert sich ebenfalls um ihn. Ich besuche ihn, sobald ich kann. Auf dem Kopf hat er eine weich gefütterte Mütze, um seine Ohren warm zu halten. Die meiste Zeit, seit er aus dem Krankenhaus entlassen worden ist, hat er geschlafen. Er sieht alles andere als gesund aus, also gehe ich bald wieder.

Am Samstagnachmittag ist David soweit, daß er es mit der Welt draußen aufnehmen kann. Glaubt er zumindest. Er ist felsenfest davon überzeugt, daß er es bis zur Hauptstraße von Ealing schafft, um ein paar Einkäufe zu machen. Wir versuchen, ihn davon abzubringen, aber er ist wild entschlossen. Schließlich läßt er sich auf einen Kompromiß ein. Er wird bis zu den Geschäften am Ende der Straße gehen. Bis dorthin schafft er es tatsächlich, aber dann muß ich ihn mehr oder weniger nach Hause tragen. Es ist ein mühsamer Weg mit vielen Verschnaufpausen, und als wir ankommen, sind wir beide völlig erschöpft. Er gibt zu, daß er doch noch nicht so kräftig ist, wie er gedacht hatte, und verspricht, das Ganze etwas langsamer anzugehen.

Der Sonntag verläuft ein wenig ruhiger. Ein paar Reporter hängen rum, aber nicht viele. In der Kirche fragt eine Dame mich, ob ihre kleine Tochter mir einen Kuß geben darf. Sie findet, daß ich sehr, sehr tapfer gewesen sei. Die Kirchenbank gestaltet die Aktion zwar zu einem ziemlich schwierigen Unternehmen, aber diese Umarmung und der Kuß bedeuten mir ungeheuer viel. Nach dem Gottesdienst beeile ich mich wegzukommen. Ich fürchte, ich halte das nicht durch, wenn alle

Leute mich fragen, wie es mir geht. Dad fährt heute nachmittag, das ist eine gute Entschuldigung, um zum Essen nach Hause zu gehen.

Was tut David am Montagvormittag als erstes? Er löst sich in Luft auf. Er wollte allein einen Spaziergang machen, und jetzt weiß kein Mensch, wo er steckt. Als er nach zwei Stunden immer noch nicht zurück ist, überfallen uns plötzlich Horrorvisionen, daß er irgendwo zusammengebrochen ist. Ich suche mit, solange ich kann, aber meine Ärztin will sich meine Lunge und meine Rippen ansehen, weil ich immer noch starke Schmerzen habe. Sie entscheidet, daß ich erst in das hiesige Krankenhaus muß, um eine Röntgenaufnahme machen zu lassen, ehe ich irgendwohin fahre. Großartig. Wenn Dave zusammengebrochen ist, dann landen wir vielleicht beide in der Ambulanz.

Rachel ist nach Hause zurückgefahren. Mum und Pug gehen wieder zur Arbeit. Ich bin ganz allein im Haus. Bis jetzt hat mir das nicht übermäßig Angst gemacht. Aber nun taucht ein großes Problem auf: niemand, der mich fahren kann. Die Ärztin ist schon überfällig für ihren nächsten Termin, aber sie will auf keinen Fall zulassen, daß ich mich alleine zu der Röntgenabteilung durchkämpfe. Sie droht mir an, mich selber hinzufahren, wenn ich niemand anderen auftreibe. Vielleicht könnte jemand vom CVJM das übernehmen? Sie fährt mit mir dort vorbei und wartet, bis sie die Zusage hat, daß jemand mich hinbringt.

David ist nicht in der Klinik, zumindest nicht in der Abteilung, in der ich warten muß. Vielleicht ist er ja mittlerweile zu Hause eingetrudelt. Seine Mutter würde durchdrehen, wenn er immer noch nicht aufgetaucht ist. Glücklicherweise bleibt mir nicht viel Zeit, mir um ihn Sorgen zu machen. Die Röntgenärztin ruft mich auf, und schon gibt es ein neues Problem, über das ich mir den Kopf zerbrechen muß. Sie will wissen, ob ich schwanger bin. Eine gute Frage. Ich sage: nein, und bete, daß es stimmt.

Am späten Nachmittag ruft die Ärztin an und teilt mir das Ergebnis der Röntgenuntersuchung mit. Es ist nichts gebrochen; das war ihre Hauptsorge. Vielleicht habe ich einen Muskel gezerrt, als ich mich auf der Fahrt nach Schottland im Wagen abrupt umgedreht habe? Sie kann mir immer noch nichts zur Schmerzlinderung verschreiben, weil noch ein paar Untersuchungen in der Spezialklinik gemacht werden müssen, aber sie wünscht mir einen schönen Urlaub. David ist schließlich gesund und wohlbehalten wiederaufgetaucht. Vielleicht schaffen wir es doch, nach Schottland zu fahren. Er war in Ealing einkaufen und hatte jedes Zeitgefühl verloren.

Uns bleibt nicht mehr viel Zeit, um nach Euston zu kommen und den Nachtzug zu erreichen, also nichts wie los. Die Fahrt dauert lange; es ist kalt und nicht besonders bequem. Letzte Nacht war der Zug wohl überheizt, und zum Ausgleich haben sie jetzt die Heizung ganz abgestellt. Ich kann nicht schlafen – egal, wie ich mich hinlege, meine Rippen tun mir weh. Ein Videofilm wäre jetzt gut, um uns die Zeit zu vertreiben, aber das Gerät ist ja gestohlen worden. Uns bleibt nichts anderes übrig, als sporadisch einzunicken und ansonsten in die Dunkelheit zu starren. Wir sind froh, als wir in Glasgow ankommen. Kenny, der Freund mit dem Auto, wird uns abholen. Bald werden wir es warm und gemütlich haben. Leider läuft nicht einmal das nach Plan. Kenny ist im Glasgower Berufsverkehr steckengeblieben, und wir müssen in der kalten Bahnhofshalle rumstehen und auf ihn warten.

Als wir in Cumbernauld ankommen, haben wir nur noch einen Wunsch: uns aufzuwärmen und zu schlafen. Soweit ich gehört hatte, zeichnet Cumbernauld sich durch zweierlei aus: Es gibt keine Ampeln, und hier wurde der Film »Gregory's Girl« gedreht. Bei meinem letzten Besuch hier Anfang März habe ich aber mitbekommen, daß doch mehr dran ist an dieser Stadt, auch wenn es einem nicht gleich ins Auge springt. Es gibt hier ein ziemlich großes Finanzamt; ein Großteil der Steuererklärungen landet also hier. Die Behörde ist offensichtlich der wichtigste Arbeitgeber. Ich weiß nicht, ob das nun unbedingt den Ruf der Stadt fördert oder nicht von Belang ist. Mich interessiert vor allem, daß hier praktisch niemand David und mich mit der Geschichte in den Zeitungen in Verbindung bringt. Cumbernauld ist eine ziemlich große, neue Stadt, und London ist weit weg. Es ist ein gutes Gefühl, durch die Straßen spazieren zu können, ohne daß die Leute einen anstarren. Keine Telephone oder Türklingeln, die ständig läuten. Wir können uns so richtig ausruhen und den ganzen Tag schlafen, wenn uns danach ist.

Am Mittwoch sind David und sein Vater nicht mehr zu halten. Sie haben beschlossen, daß wir ein bißchen was von Schottland sehen müssen. Wir nehmen Würstchen mit, einen Campingkocher, eine Flinte und Ace, den Hund. Davids Mutter schaut etwas skeptisch drein, als die beiden Männer von einem kurzen Ausflug reden. So etwas endet normalerweise damit, daß man irgendwo über Nacht bleibt, erklärt sie mir. Als wir schließlich nach Fort Williams kommen, ist klar, daß sie sich nicht geirrt hat. Mir soll es recht sein. Schottland ist wunderschön. Ich bin's zufrieden, mich auszuruhen und die Landschaft zu genießen. Stirling, Ben Nevis, Loch Ness. Wir halten für alle Fälle nach einem Ungeheuer Ausschau, aber es läßt sich keines blicken. Macht auch nichts. Trotzdem nimmt David das Gewehr seines Vaters und fängt an, auf den See zu schießen, um Zielen zu üben. Der See ist groß genug, er kann also kaum etwas anrichten, aber ich mache mir Sorgen wegen seiner Ohren. Sein Vater hat einen Waffenschein, und sie gehen öfters Krähen schießen und ähnliches, aber früher hat David bei solchen Gelegenheiten Ohrenschützer getragen. Diesmal hat er nichts, um seine Ohren zu schützen. Die Ärzte wären wohl nicht sehr erfreut, wenn sie das wüßten. Ace macht das Ganze ungeheuer Spaß, und er will um jeden Preis im See baden. Es ist immer noch sehr kalt, und die Aussicht, einen nassen Hund im Auto zu haben, gefällt keinem von uns, also füttern wir ihn unentwegt mit Würstchen, damit er uns nicht entwischt.

David läßt sich nicht so leicht ablenken. Als wir wieder im Auto sitzen, möchte er ein Stückchen fahren. Davon hält sein Vater gar nichts. Er erinnert David daran, daß die Leute im Krankenhaus ihn gewarnt haben, er solle nicht fahren; sie haben ihn mit Medikamenten regelrecht vollgepumpt. David widerspricht, muß aber schließlich doch nachgeben. Das ist wahrscheinlich ziemlich deprimierend für ihn.

In einem Punkt allerdings sind wir uns alle einig: Wir müssen möglichst bald etwas finden, wo wir übernachten können. Wir fahren durch Inverness, aber überall ist es entweder zu teuer, oder sie haben nicht genügend Zimmer. Im März ist kaum jemand auf Touristen eingestellt, und das einzige große Hotel ist viel zu teuer. Daves Vater fährt weiter. Ich frage mich allmählich, ob wir im Auto übernachten müssen, als wir schließlich in einem kleinen Dorf, ungefähr sieben Meilen von Aviemore entfernt, eine kleine Pension finden. Zu unserer großen Erleichterung haben sie genügend freie Zimmer, und es ist auch nicht allzu teuer. Wir brauchen also nicht im Auto zu erfrieren.

Und wir brauchen auch nicht zu verhungern. Ein Stückchen weiter die Straße runter ist ein Restaurant. David bestellt Haggis (ein schottisches Nationalgericht). Ich koste ein bißchen, muß aber nicht unbedingt mehr davon haben. Das findet die Familie anscheinend höchst amüsant. Insgesamt ist es ein sehr angenehmer Abend. Ich bin froh, daß ich Davids Eltern vor dem 6. März kennengelernt habe. Es tut gut, mit ihnen zusammenzusein, weit weg von all den Problemen.

Als wir in die Pension zurückkommen, wollen sie gleich ins Bett. David und ich haben einen anderen Rhythmus und denken gar nicht daran, jetzt schon schlafen zu gehen. Wir gehen in den Salon und sitzen einfach da und reden miteinander. David hat mir sehr geholfen, und es scheint mir nur natürlich, daß ich ihm meine Sorgen anvertraue. Ich kenne ihn erst seit zweieinhalb Monaten, und die meiste Zeit ging es ja reichlich traumatisch zu, aber in gewisser Weise haben die Ereignisse der letzten Wochen uns einander nähergebracht. Er war da. Er weiß, wie mir zumute war. Mit ihm kann ich über bestimmte Dinge auf einer Ebene reden, die bei anderen Leuten einfach nicht möglich ist. Auch über das Problem, das mir zur Zeit am meisten zu schaffen macht: Bin ich schwanger?

Jemand kommt herein und schaltet das Licht aus; als er merkt, daß wir noch da sind, schaltet er es wieder an. Falls das ein Hinweis darauf sein soll, daß es Zeit zum Schlafen ist, so nehmen wir ihn einfach nicht zur Kenntnis. Hier gibt es keine Krankenschwestern, keine Besucher, keine Polizeibeamten, keine Termine. Nur uns und das flackernde Feuer. Plötzlich sprengt etwas diesen Frieden. David stellt mir die Frage, von der ich geglaubt hatte, kein Mann würde sie je stellen, nach all dem, was geschehen ist. Ob ich seine Frau werden will.

Kapitel elf

Ich bin überrascht, geschmeichelt, überwältigt. Auch wenn ich selber mir schmutzig und »second-hand« vorkomme. David will mich trotzdem. Gestern nacht hat er mir all das angeboten, was ich mir wirklich wünsche, aber wie soll ich ihm eine wie auch immer geartete realistische Antwort darauf geben? Ich weiß nicht einmal, wie das Dorf heißt, in dem wir gerade sind, wie soll ich da die Antwort auf ein so verführerisches Angebot wissen? Ich bin innerlich völlig aufgewühlt. Wir brauchen beide eine gewisse Sicherheit, das Wissen, daß der andere da ist, aber ich weiß nicht, ob eine Verlobung richtig wäre. Jedenfalls jetzt noch nicht. Wir kennen uns erst seit so kurzer Zeit. Was geschehen ist, hat uns beide sehr verwundbar gemacht.

Die von der Polizei haben mir gesagt, ich solle mich auch weiterhin als Jungfrau betrachten. Sie sind der Ansicht, daß das, was geschehen ist, nichts mit meiner freien Entscheidung zu tun hatte. Theoretisch klingt das ja ganz gut, aber praktisch mache ich mir immer mehr Sorgen, daß ich schwanger sein könnte. Ich will eine solche Möglichkeit gar nicht ernsthaft in Betracht ziehen. Meine Periode kommt oft zu spät. Von Anfang an hatte ich nichts als Schwierigkeiten damit. Das ausgiebige englische Frühstück erfordert meine ungeteilte Aufmerksamkeit, auch wenn der Hund mir dabei hilft, indem er ein paar Würstchen verschlingt.

Im Auto zu sitzen und die Landschaft vorüberziehen zu sehen ist dann nicht so anstrengend. Aviemore, Aberdeen, Arbroath, Dundee. Ähnlich wie das Frühstück: von allem sehr reichlich. Trotz der Ablenkung durch Ölbohranlagen und einen Seitenwind mit einer Geschwindigkeit von hundert Meilen in der Stunde auf der Küstenstraße bleibt mir viel zuviel Zeit zum Grübeln. Ich fühle mich krank, müde, und ich habe Angst. Das Auto ist ziemlich klein, und wenn wir durch offenes Gelände fahren, spüre ich, wie es hin und her schwankt. Etliche

Lastwagen, die der Wind umgekippt hat, sind auch kein besonders ermutigender Anblick. Ich weiß nicht, was schlimmer ist, das Rütteln und Zerren des Sturms oder das Hämmern in meinem Hirn.

Haben die im Krankenhaus einen Schwangerschaftstest gemacht? Was soll ich machen, wenn ich tatsächlich schwanger bin? Ich wollte immer Kinder haben. Könnte ich ein Kind austragen und mich dann von ihm trennen? Oder könnte ich es, wenn ich es behalten würde, lieben, wenn ich doch weiß, wie es empfangen wurde? Würde ich damit fertig werden, ständig an all das erinnert zu werden oder daß ich mich den unvermeidlichen Fragen stellen muß, wer sein Vater ist? Es würde Zeiten geben, in denen ich das Kind hassen würde, da bin ich mir sicher. Und selbst wenn das Kind von irgend jemandem adoptiert würde, es könnte mich achtzehn oder zwanzig Jahre später aufspüren und würde dann wissen wollen, warum ich es weggegeben habe. Die Adoptiveltern stünden vor einem ähnlichen Problem. Wie könnte man zu jemandem sagen: »Tut mir leid, aber du bist das Ergebnis einer Vergewaltigung«? Wie könnte jemand damit leben? Mich würde es umbringen. Ist es fair, ein solches Wissen einem anderen aufzuzwingen? Vielleicht hätte ich eine Fehlgeburt? In unserer Familie besteht eine gewisse Neigung dazu. Würde das das Problem lösen oder nur neue Probleme schaffen? Dann würde ich mir ständig Sorgen machen, ob ich überhaupt ein Kind bekommen kann. Vielleicht wäre Abtreibung doch das richtige, wenn ich sie grundsätzlich akzeptieren könnte. Ich war immer der Ansicht, daß alle, die dumm genug sind, schwanger zu werden, auch die Folgen auf sich nehmen müssen. Muß ich meine Einstellung neu überdenken? Könnte ich mit dem Wissen leben, daß ich etwas getötet habe, das Gott geschaffen hat, auch wenn es infolge einer Vergewaltigung geschah? Ich weiß, daß Frauen unter einer Abtreibung leiden. Ich bin mir sicher, ich würde da keine Ausnahme machen.

Mir schwirrt der Kopf noch von all den Fragen, als wir in Dundee Rast machen. In meiner Erregung bringe ich es fertig, mitten auf der Autobahn Davids Ohrentropfen fallen zu lassen. Ich fühle mich schrecklich, als wir in eine Apotheke gehen und erfahren, daß die Tropfen rezeptpflichtig sind. David findet das nicht weiter schlimm. Erstens ist es ihm sowieso lästig, daß er sie nehmen muß, und außerdem meint er, er könne von dem Arzt in Cumbernauld welche bekommen. Ich glaube das erst, wenn er sie sich ins Ohr träufelt.

Schließlich kommen wir zu Hause bei seinen Eltern an und beschließen, Freund Kenny und seine Schwester zu besuchen. Wir spielen »Trivial Pursuit«, aber ich bin so müde, daß ich kaum die Augen offenhalten kann. Seit dem Morgengrauen sind wir auf den Beinen, und jetzt ist es bereits nach Mitternacht. Es war ein harter Tag. In jeder Hinsicht. Mir reicht's. Irgend jemand soll mich aufwecken, wenn alles vorbei ist.

Am nächsten Morgen immer noch kein Anzeichen dafür, daß ich mir keine Gedanken mehr zu machen brauche wegen einer Schwangerschaft. Am Tag darauf auch nicht. Meine Periode ist jetzt seit einer Woche überfällig, und allmählich mache ich mir ernsthaft Sorgen. David und ich sind nach Birmingham gefahren – zu einem Wochenendseminar für die Vorbereitung des Ferienlagers in Wales, bei dem ich mithelfe. Das große Fragezeichen, das drohend über meiner Zukunft schwebt, macht es mir schwer, mich auf die Diskussionen zu konzentrieren, aber ich tue mein Bestes. Die Leute bringen ihr Erstaunen darüber zum Ausdruck, daß ich es geschafft habe, zu den Besprechungen zu kommen, aber sie sind froh, daß offenbar mit mir soweit alles in Ordnung ist. Erst am Ende des Tages wird einigen Freunden klar, wie sehr der Schein trügen kann: Ich lasse die Angst und den Schmerz heraus und bitte sie, mich in ihr Gebet einzuschließen. Jemand macht den Vorschlag, ich könnte doch eine Ausschabung machen lassen; das würde unter Umständen auch meine anderen Probleme lösen, und ich würde nie wissen, ob ich schwanger war oder nicht. Mit einem Schlag wäre ich dann alle Sorgen los. Es wäre trotzdem eine Abtreibung, wie auch immer man es bezeichnet. Außerdem glaube ich einfach nicht, daß die Ärzte damit einverstanden wären.

Am Sonntag werde ich um sechs Uhr morgens wach, als das Mädchen, mit dem ich mir das Zimmer teile, aufs Klo geht. Sie hat ihre Periode bekommen. Zwei Stunden später ist es bei mir soweit. Ich würde am liebsten das ganze Haus aufwecken und herumtanzen und jubeln und singen, allerdings glaube ich nicht, daß die andern darüber sonderlich erbaut wären. Statt dessen krabble ich noch für ein paar Stunden in mein Bett zurück. Als ich mich so unter die Decke kuschle, fühle ich mich richtig gut, weil ich jetzt von dieser quälenden Angst befreit bin und weiß, daß ich mir keine Sorgen mehr zu machen brauche über die schrecklichen Entscheidungen, die ich hätte treffen müssen. Auch wenn ich jetzt die üblichen Bauchkrämpfe bekomme und mich hundeelend fühle.

Sobald ich Dave sehe, sage ich ihm, daß ich nicht schwanger bin. Er ist eben erst aufgewacht und will wissen, ob ich einen Test habe machen lassen. Er ist in guter Gesellschaft. Die Männer fragen alle, woher ich das weiß. Ich kann es einfach nicht fassen, daß intelligente männliche Wesen – zwei von ihnen haben einen Hochschulabschluß – einfach nicht in der Lage sind, zwei und zwei zusammenzuzählen. Glauben die denn allen Ernstes, ich würde an einem Sonntag in aller Herrgottsfrühe und meilenweit von zu Hause entfernt ein solches Ergebnis von einem Arzt erfahren?

Am Montag ist das etwas anderes. Sobald ich Gelegenheit dazu habe, rufe ich in der Spezialklinik an. Ich habe eine Nummer bekommen, die ich statt meines Namens nennen soll, und ich gebe sie gewissenhaft durch. Die Schwester am anderen Ende weiß sofort, wer ich bin, und begrüßt mich wie eine Freundin, die sie ewig nicht mehr gesehen hat. Sie stellt mich zu der Ärztin durch. Die meisten Tests sind negativ ausgefallen, aber sie wollen, daß ich in der Klinik vorbeikomme, um mich wegen einer Analinfektion behandeln zu lassen. Nichts, worüber ich mir Sorgen machen müßte. Mit Tabletten wird es in einer Woche oder so weg sein. Gleich als erstes sage ich den

Leuten im Krankenhaus, daß ich nicht schwanger bin. Sie sind sehr erleichtert. Es war noch zu früh, um einen Test zu machen; sie hatten gehofft, daß ich es ihnen sagen würde, sobald ich es wüßte. Schwangerschaft ist immer ihre große Sorge. Der Medizinstudent hatte sich geirrt; es ist ein gefährlicher Mythos, daß eine Frau bei einer Vergewaltigung nicht schwanger werden kann.

In meine Erleichterung mischt sich Traurigkeit. Zwar habe ich allen erzählt, daß ich nicht schwanger bin, aber ich habe von Fällen gehört, bei denen die Periode auch während einer Schwangerschaft regelmäßig kam. Vielleicht gehöre ich dazu? Ich bin entsetzt, daß ich so eine Möglichkeit überhaupt in Betracht ziehe. Was würde die Ärztin sagen, wenn sie wüßte, was in meinem Kopf abläuft? Wie kann ein Teil von mir sich immer noch wünschen, daß ich schwanger bin, nachdem unablässig all diese Fragen auf mich eingestürmt sind?

Die Ärztin versucht mich vor den möglichen Nebenwirkungen bei der Behandlung der Infektion zu warnen. Ich will das alles gar nicht wissen. Ich habe keine schlimme Krankheit. Ich bin mit einem blauen Auge davongekommen. Man wird mein Krankenblatt ein Jahr lang aufbewahren. Wenn ich Syphilis hätte, würden sie es zehn Jahre lang aufheben. Flüchtig kommt mir der Gedanke: Was passiert, wenn jemand AIDS hat? Nach dem, was ich so nebenbei im Fernsehen aufgeschnappt habe, klingt die Sache entsetzlich.

Mich würde interessieren, wie es dem Vergewaltiger ergangen ist. Ob er ähnliche Tests machen lassen mußte. Ich hatte eine Mykose, als er über mich herfiel. Ich will nicht boshaft sein, aber wenn er sich angesteckt hat, dann wäre das ein bißchen so etwas wie ausgleichende Gerechtigkeit.

Kapitel zwölf

Ehe ich mich's versehe, ist Ostern. Ostern hat für mich nie Ostereier und Frühlingsblumen bedeutet. Es ist seit jeher die Zeit, in der ich des Sterbens Jesu gedenke. Ich kann mich nicht erinnern, daß ich je vergessen hätte, daß Er für die Sünden der ganzen Welt gestorben ist, obwohl es mir einigermaßen schwerfällt zuzugeben, daß das auch mich einschließt. Mir gefällt der Gedanke nicht, daß Er eigens meinetwegen all diese Leiden auf sich genommen hat. Tod bedeutet Schmerz. Petes Tod hat mich das gelehrt. Dieses Ostern wird mir diese Tatsache noch deutlicher bewußt. Irgendwie fühle ich mich Gott viel näher. Ich kann jetzt besser verstehen, wie sehr es Ihn geschmerzt haben muß, als Er zuließ, daß Jesus starb, und als Er zuließ, daß ich vergewaltigt wurde. In gewisser Weise ist es, als würde Er sagen: »Ich lasse dich diesen Schmerz teilen, damit Jesu Tod eine viel größere Bedeutung für dich erlangt.«

Mit der Auferstehung ist es das gleiche. Ich habe dem Tod ins Auge geblickt. Als mir das Leben zurückgegeben wurde, ist mir klargeworden, wie kostbar es ist. Das einzige Problem ist, daß ich so ungeduldig werde, was die Sorgen und Ängste anderer Leute betrifft. Nachdem ich dem Tod ins Auge geblickt habe, kommen sie mir so unwichtig vor. Wenn jemand sich über irgendwelche Belanglosigkeiten aufregt, würde ich am liebsten sagen: »Zerbrich dir darüber nicht den Kopf. Das ist es nicht wert. Es tut dir nicht gut.« Ich muß wieder lernen, Verständnis für die Sorgen anderer Leute aufzubringen, aber das ist nicht leicht. Es deprimiert mich wirklich, wenn ich sehe, wie die Leute so in ihrer winzig kleinen Welt gefangen sind und sich durch Kleinigkeiten unterkriegen lassen. Dazu ist das Leben zu kurz.

Daß ich erfahren habe, wie Gott mir geholfen hat, ein so einschneidendes Erlebnis zu überstehen, hilft mir auch, ihm in den kleinen Dingen viel mehr zu vertrauen. Ich sage einfach:

»Okay, Gott, ich habe ein Problem. Kannst Du mir da irgendwie helfen?« und überlasse den Rest Ihm. Ich glaube seit jeher fest an Stoßgebete. Kurz und bündig. Jetzt sind sie zu einem festen Bestandteil meines täglichen Lebens geworden.

Oft schließe ich in meine Gebete die Männer ein. Ich versuche, auch andere Leute zu ermutigen, für sie zu beten, aber es ist schwer, andere dazu zu bringen. Wenn ich auf einer christlichen Versammlung bin und die Leute bitte, für die Männer zu beten, reagieren nur sehr wenige darauf. Einer hatte die Ausrede, daß die Leute nicht wüßten, was sie sagen sollen. Wie kommen sie eigentlich auf die Idee, daß *ich* das weiß? Alles, was ich weiß, ist, daß diese Männer trotz allem Menschen sind. Sie sind in sicherem Gewahrsam. Hinter ihnen haben sich die Gefängnistore geschlossen. Ich weiß, daß die anderen Gefangenen Vergewaltiger hassen. Sie klammern sich an die Vorstellung, daß ihre Frauen und Kinder in der Welt da draußen sicher sind. Wenn Vergewaltiger eingeliefert werden oder solche, die sich an Kindern vergangen haben, kann es passieren, daß sie selber vergewaltigt werden, wenn man sie nicht zu ihrem eigenen Schutz von den anderen trennt. Diese Männer haben es bitter nötig, daß man für sie betet.

Ich gehe zu einer Wiedersehensfeier in meiner ehemaligen Schule. Die Reaktionen der einzelnen sind sehr interessant. Einige der Mädchen haben die Ereignisse überhaupt nicht mit uns in Zusammenhang gebracht; andere wissen zwar ganz offensichtlich Bescheid, schleichen aber um den heißen Brei herum. Wieder andere sind sich nicht ganz sicher, ob Pug diejenige war oder ich. Schließlich erlöse ich sie aus ihrer Verlegenheit, indem ich selber das Thema anschneide, und plötzlich geht es. Ohne Hemmungen. Wir können frei und ungezwungen darüber sprechen.

Wenn jemand mir zuhört, rede ich sehr bereitwillig darüber. Sie brauchen sich keine Gedanken zu machen, weil sie sich noch nie in einer solchen Situation befunden haben oder daß sie etwas besonders Kluges von sich geben müßten. Ich wüßte nicht, was man anderes von ihnen erwarten sollte als das, was sie ohnehin tun. Ganz bestimmt werde ich sie nicht mit irgendwelchen unbeherrschten Antworten in Verlegenheit bringen.

Manchmal ist es fast zum Lachen. Eben weil ich ganz offen mit Leuten rede, die wirklich Anteil nehmen, bemerke ich oft andere, die versuchen, ein paar Brocken von dem Gespräch aufzuschnappen, ohne daß es auffällt. Einmal wäre ich fast aufgestanden und hätte jemanden aufgefordert, sich an unseren Tisch zu setzen. Sein Kopf rückte immer näher. Ich hatte schon Angst, er würde sich das Rückgrat verrenken.

Ich muß ein bißchen Rücksicht darauf nehmen, wieviel die Leute verkraften können, aber es tut gut, reden zu können. Vor allem wenn ich merke, daß es auch anderen hilft. Das heißt zwar, daß ich mir all die Leidensgeschichten anhören muß, aber es setzt in gewisser Weise Kräfte frei, wenn man sich auf einer Ebene miteinander unterhält, die für die meisten normalerweise tabu ist. Ein Freund kam zu mir, um mir sein Herz auszuschütten, und als er ging, sagte er: »Wenn ich mit dir rede, rückt das meine Probleme wieder in die richtige Perspektive.«

Das andere Extrem ist, wenn ich Leuten begegne, die mich behandeln, als wäre ich aussätzig. So wie sie sich Leuten gegenüber verhalten, denen jemand gestorben ist: Sie gehen auf die andere Straßenseite oder verziehen sich im Kaufhaus eiligst in eine andere Abteilung. Sie wissen nicht, wie sie damit umgehen sollen, also gehen sie den Leuten aus dem Weg. Die größten Schwierigkeiten habe ich mit den Leuten, die so tun, als wäre nichts geschehen. Wie kann man so etwas einfach ignorieren? Manchmal würde ich das gerne tun, aber es gibt zu vieles, das mich daran erinnert.

Im Augenblick empfiehlt uns die Polizei, Entschädigung aus dem Fonds für die Opfer von Gewaltverbrechen zu beantragen. Einen Anspruch darauf haben wir zwar erst nach der Gerichtsverhandlung, aber sie wollen sicherstellen, daß wir alle notwendigen Angaben machen können. Ein Teil von mir will nichts damit zu tun haben. Es schmeckt zu sehr nach Blutgeld. Andererseits ist es mein Blut, das vergossen worden ist. Die Ärzte können zwar Herzen transplantieren und all das. Das, was ich verloren habe, können sie mir nicht wieder zurückgeben. In gewisser Hinsicht bin ich sehr zynisch geworden. Gerade vorhin hat man uns eine Werbebroschüre für die Nachbarschaftswacht unter der Tür durchgeschoben. Meine einzige Reaktion darauf ist: »Ein bißchen spät, findet ihr nicht?«

Mit Selbstverteidigung ist es das gleiche. Ich habe nie ernstlich daran gedacht, einen richtigen Kurs zu machen. Dazu bin ich viel zu feige; ich würde das nicht ertragen, mich durch die Gegend schleudern, mir freiwillig und absichtlich Schmerzen zufügen zu lassen. Nach der Geschichte im Walpole Park habe ich alles über dieses Thema gelesen, was mir in die Finger kam. Ich weiß, daß eine Frau schnell, selbstbewußt und mit erhobenem Kopf gehen soll. Wenn sie Schuhe mit Pfennigabsätzen trägt, soll sie auf die Kniescheibe zielen. Ansonsten auf die Augen oder die Hoden. Möglicherweise handelt sie sich damit eine Anzeige ein; aber zumindest ist sie dann noch am Leben, um ihre Sache zu vertreten. Aber es ist immer nur ein einzelner Mann. Kein Mensch hat mich je davor gewarnt, daß es mehr als einer sein könnte oder daß die Angreifer bewaffnet sein könnten. Was hilft Selbstverteidigung gegen Waffen? Im entscheidenden Augenblick habe ich das einzige getan, was mir einfiel. Ich habe versucht, das Messer außer Reichweite zu stoßen. Ansonsten konnte ich nicht viel tun.

Es hat eine Zeitlang gedauert, aber jetzt darf ich alleine aus dem Haus. Es ist ein bißchen wie ein zweites Mal erwachsen zu werden, noch einmal vierzehn zu sein und zum erstenmal allein einen Einkaufsbummel machen zu dürfen. Ein seltsames Gefühl. Untertags machen die Straßen mir überhaupt keine Angst, und ich gehe eigentlich auch abends ganz gerne alleine spazieren. Irgend etwas Aufsässiges in mir sagt: »Ihr kommt nicht an mich ran. Ich lasse euch nicht. Es kann nichts Schlimmes mehr passieren.« Ansonsten würde ich langsam, aber sicher ein Nervenbündel werden. Ich würde nie mehr allein aus dem Haus gehen, und es wird Zeiten geben, da wird es notwendig sein, um meiner Unabhängigkeit willen und um zu überleben. Es hat keinen Sinn, sich auf andere zu verlassen.

Es entbehrt wirklich nicht einer gewissen Ironie: Es gibt da ein Lied in den Charts, in dem unter anderem davon die Rede ist, daß ein Mann ein Held ist, der für die Ehre seiner Frau kämpft. Der Song ist hervorragend, aber es fällt mir schwer, diese Zeilen nachzuvollziehen. Wo waren die beiden Männer, die diese Rolle hätten spielen können, als ich sie brauchte? Sie waren keine Helden. Sie haben nicht für meine Ehre gekämpft. Mein Bild von den Männern hat einen Sprung bekommen. Ich habe das scheußliche Gefühl, daß es lange dauern wird, bis es wieder gekittet ist.

Kapitel dreizehn

Heute ist Montag, der 14. April, fünf Wochen nach dem Überfall, und für heute sind die Gegenüberstellungen angesetzt. Die Männer sitzen in verschiedenen Gefängnissen ein, wir müssen also zu drei verschiedenen Polizeirevieren fahren. Das erste ist zwar das hier in Ealing, aber wir müssen doch früh dort sein, denn erst dann kann die Polizei anfangen, Leute für die Gegenüberstellung zusammenzusuchen. Die Polizisten holen uns mit dem Wagen ab und führen uns, als wir ankommen, in ein Wartezimmer. Ich bin ziemlich nervös. Ich habe so etwas noch nie gemacht, und ich weiß nicht so recht, was mich erwartet. Außer der Tatsache, daß ich diese Männer wiedersehen werde. Polizisten kommen und gehen. Die Zeit schleppt sich dahin. Eine Stunde ... Zwei. Ich habe kaum etwas gegessen, und mir ist ein bißchen übel. Ob vor Hunger oder vor Angst, darüber möchte ich lieber gar nicht nachdenken.

Wir haben keine Ahnung, welcher der Männer als erster vorgeführt wird. Allerdings wollen die Polizisten wissen, ob die Skimütze, die sie dahaben, so ähnlich wie die aussieht, die der eine während des Überfalls getragen hat. Eigentlich nicht, aber anscheinend können wir verlangen, daß die Männer in der Reihe sie überziehen oder sprechen, wenn uns das unserer Ansicht nach weiterhilft. Heißt das, dies könnte Mann 1 sein? Wenn ja, dann glaube ich nicht, daß er eine Skimütze überstülpen muß, damit ich ihn wiedererkenne. Seine Augen waren irgendwie seltsam.

Wenn sie nur endlich voranmachen würden. Viele der Anweisungen verstehe ich gar nicht, so aufgeregt bin ich. Endlich sind sie soweit. Dad muß als erster rein. Dann David. Ich bin so nervös, daß sie mich fast in den Vorführraum schieben müssen, als ich endlich an der Reihe bin. Ich erwarte eine Glasscheibe, hinter der in sicherer Entfernung die Männer stehen. Statt dessen finde ich mich in einer winzigen Kammer wieder, zusammen mit etlichen Männern in hellblauen Overalls, die nur eine Handbreit vor mir aufgereiht dastehen. Jemand fragt mich, ob ich verstanden habe, wie das Ganze abläuft, aber ich bringe nur mit Mühe ein zustimmendes Murmeln heraus. Ich hätte nie gedacht, daß die Männer direkt vor mir stehen würden. Meine Knie sind butterweich, und ich habe das Bedürfnis, mich zu übergeben.

Als ich langsam die Reihe entlanggehe, bin ich überzeugt davon, daß einer von ihnen so ungefähr wie Mann 2 aussieht. War diese Gegenüberstellung doch nicht für die Identifizierung von Mann 1 gedacht? Die Skimütze und die Stimmenidentifizierung vergesse ich ganz. Daß sie so nahe sind und Overalls tragen, schafft mich total. Ich hatte damit gerechnet, daß sie gewöhnliche Kleidung anhaben würden. Irgend etwas, das mir einen Anhaltspunkt geben könnte. Warum hat die Polizei mich nicht darauf vorbereitet, daß das so abläuft? Als wir ans Ende der Reihe kommen, blinzelt einer der Männer. Daran ist weiter nichts Auffälliges, außer daß es den Bruchteil einer Sekunde zu lange dauert. Ich kann seine Augen nicht richtig sehen. Ist das Absicht? Könnte es doch Mann 1 sein? Man fragt mich, ob ich irgend jemanden eindeutig identifizieren kann. Ich schüttle den Kopf. Selbst wenn ich das könnte, bezweifle ich doch sehr, daß ich es fertigbrächte, das vor den Männern zu sagen. Ich will nur noch eines: so schnell wie möglich raus aus diesem Raum.

Als wir wieder oben sind, erklären mir die Polizisten, die Overalls sollten verhindern, daß Leute nach äußerlichen Gesichtspunkten oder aufgrund ihrer sozialen Stellung beurteilt werden. Sie versichern mir, ich hätte keine Angst zu haben brauchen, weil sie so nahe waren. Wenn der Mann auch nur den kleinen Finger gehoben hätte, dann hätten die anderen ihn gelyncht. Aber das ist es nicht. Die Tatsache, daß ich mich in ein und demselben Raum aufhalte wie einer von denen, macht mich fertig, selbst wenn es derjenige ist, der mir persönlich am wenigsten getan hat. Eine eindeutige Identifizierung konnte ich zwar nicht liefern, aber mein Gefühl hat mich nicht getrogen. Das Blinzeln hat etwas zu bedeuten.

Untermauert das meine Überzeugung, daß dieser Mann ursprünglich nichts weiter im Sinn hatte, als einzubrechen, und entsetzt war über das, was dann passierte? Während des Überfalls hat er ein Bild von mir zerschlagen. Hat er das getan, weil er es nicht ertragen konnte, es anzusehen, wo er doch wußte, was die anderen machten? Wahrscheinlich werde ich die Hintergründe all dessen, was passiert ist, nie erfahren, aber ich bin sicher, daß dieser Mann ein schlechtes Gewissen hat.

Daß ich nicht in der Lage war, ihn eindeutig zu identifizieren, war allerdings meinem Selbstvertrauen nicht gerade förderlich. Ich hatte gedacht, wenn ich einen von ihnen identifizieren kann, dann ihn. Mann 2 wird der nächste sein, wenn sie der Reihe nach vorgehen. Mein Magen meldet sich wieder. Ich sage den Polizisten, daß mir übel ist. Einer der Männer von der Kriminalabteilung macht den Vorschlag, daß es vielleicht keine schlechte Idee wäre, einen Happen zu essen. Dann habe ich zumindest was im Magen, und mein Körper kann sich entscheiden, ob es falscher Alarm ist oder nicht.

Das klingt vernünftig. Wir haben eine Stunde Zeit und fahren zum Essen nach Hause. Ehe wir nach Acton gebracht werden, packe ich mein Strickzeug ein. Wenn wir wieder so lange warten müssen, habe ich wenigstens etwas zu tun. Im Prinzip ist das eine gute Idee, aber ich stelle fest, daß es unmöglich ist, mich zu konzentrieren. Wir dürfen nicht über den Fall reden. Wir dürfen nirgendwohin im Gelände, denn es könnte ja sein, daß wir einem von den Leuten in die Arme laufen, die sie für die Gegenüberstellung zusammensuchen. Mir bleibt nichts anderes übrig, als zum Fenster hinauszuschauen und mich zu fragen, wie lange es noch dauern wird. Polizisten kommen und gehen. Sie brauchen ziemlich lange, um Leute von der Straße reinzuholen. An einer Gegenüberstellung teilzunehmen ist kein besonders beliebter Zeitvertreib, und nach mehr als einer Stunde haben die Polizisten erst sieben Leute beisammen. Als es endlich für eine Gegenüberstellung reicht, erhebt der Anwalt des Mannes Einspruch, weil sie nicht genügend Ähnlichkeit mit seinem Mandanten haben. Einen Augenblick lang sieht es so aus, als würde die Gegenüberstellung doch noch stattfinden, aber schließlich wird das Ganze verschoben. Ich bin mittlerweile überzeugt, daß es diesmal um Mann 2 ging.

Einen großen Teil des Tages haben wir einfach rumgehangen, aber es muß noch ein dritter Mann identifiziert werden auf dem Polizeirevier West Drayton. Diesmal ist eine direkte Gegenüberstellung geplant. Außer den Anwälten und der Polizei wird nur ein Mann im Raum sein. Ich brauche nur ja oder nein zu sagen. Ich möchte, daß der Mann seine Hände nach vorne streckt. Mann 3 war der mit den auf seine Finger tätowierten Buchstaben, nicht Mann 1, wie ich zuerst geglaubt hatte. Wenn ich die Tätowierungen sehe, erkenne ich ihn auf der Stelle wieder.

Die Polizei hat uns genau erklärt, was uns erwartet. Jetzt ist Zeit für die Gegenüberstellung. Meine Knie werden weich, und ich bitte darum, daß jemand mich festhält, falls ich umkippe. Der Raum, den wir betreten, ist mindestens viermal so groß wie der erste. Der Mann steht am anderen Ende. Er wirkt jung, blaß und einfältig. Seine Haare sehen anders aus, aber ich habe keinerlei Schwierigkeiten, ihn wiederzuerkennen, obwohl er seine Hände hinter dem Rücken versteckt. Diesmal kann ich eine eindeutige Identifizierung geben. Als ich den Raum verlasse, um meine Aussage zu machen, wirkt er noch nervöser als vorher.

Sobald Dad und David ebenfalls ihre Pflicht getan haben, ist die Tortur für heute zu Ende. Wir können morgen, wie geplant, in Urlaub fahren. Die Polizei hat schon einen Ersatztermin für die verschobene zweite Gegenüberstellung festgelegt: den 6. Mai, wenn wir aus Südfrankreich zurück sind. Ein nicht gerade zur Entspannung beitragender Gedanke, der uns in die Ferien begleitet. Trotzdem, völlig Fremde waren so freundlich, uns ihre Ferienwohnung anzubieten, und etliche andere, einschließlich der Ealing Eagles – der Football-Mannschaft –, haben uns Geld geschenkt. Wir haben alle Urlaub nötig. Das Geld wird für den Flug reichen. Ich brauche nichts weiter zu tun, als mich zu entspannen und mir ein paar nette Wochen zu machen. Der Flug ist nicht so schlimm, wie ich befürchtet hatte. Auf das Ohrensausen beim Abheben hätte ich zwar verzichten können, aber ansonsten war alles in Ordnung. Mir macht Davids perforiertes Trommelfell Sorgen, aber er versichert mir, daß er keinerlei Probleme damit hat. Warum nur bin ich so nervös?

In Frankreich geraten wir mitten in einen Mistral hinein, den kalten Nordwestwind, der Temperaturen unter dem Gefrierpunkt bringen kann, auch wenn der Himmel klar ist. Offenbar dauert er unterschiedlich lange, aber der jetzt hat eben erst eingesetzt. Großartig. Das wird wohl genauso werden wie Nordwales im Sommer, obwohl ich noch nie im Mantel, mit Strickzeug in der Hand, am Strand gesessen habe. Prinzessin Anne kommt zur Eröffnung des CVJM-Gebäudes, wenn wir wieder zu Hause sind, und wir sind dazu eingeladen. Ich bin fest entschlossen, rechtzeitig zu diesem Anlaß mit dem rosa Pullover fertig zu werden, den ich schon bei der Gegenüberstellung dabeihatte.

Von dem Apartment aus sind es nur ein paar Minuten zum Meer, und an den zwei Tagen mit schönem Wetter ist es am Strand sehr angenehm. David geht schwimmen. Er ist noch immer nicht ganz bei Kräften, nachdem seine Arme und Beine dermaßen zerschlagen worden sind, und ich bin überzeugt, daß er kein Wasser in die Ohren kriegen dürfte, aber genausogut könnte ich an eine Wand hin reden.

Eines Tages gehen wir ans andere Ende der Bucht und fahren mit einem Boot nach St. Tropez. Diesmal scheint die Sonne, aber ich habe mit dem Schlimmsten gerechnet und mich folglich viel zu warm angezogen. Wir spazieren durch den Hafen und sehen uns an, wie die oberen Zehntausend leben. Ansonsten können wir nicht viel unternehmen. Die Saison hat noch nicht richtig begonnen, und viele Lokale haben noch geschlossen. Allerdings würde es für uns keinen großen Unterschied machen, wenn sie offen wären: Hier ist alles furchtbar teuer, und wir sind beide immer noch auf Stütze. Aber Dad ist in seinem Element. Er liebt die französische Küche, und es macht ihm Spaß, seiner eigenen Wege zu gehen.

Ich wünschte, David würde das gelegentlich auch tun. Ich finde den Urlaub reichlich anstrengend. Ich kann Französisch, allerdings nicht gut genug, um mich problemlos zu unterhalten. David beherrscht die Sprache überhaupt nicht, und die Einheimischen haben große Schwierigkeiten, sein Englisch zu verstehen, daher sind wir viel zu oft gezwungen zusammenzubleiben. Ich habe seinen Heiratsantrag mit einem Ja beantwortet, aber es ist noch nicht offiziell. Kein Mensch weiß davon. Nicht einmal Dad. Trotzdem sehne ich mich manchmal danach, alleine etwas zu unternehmen. Oder daß eine Frau mir Gesellschaft leistet. Ich brauche Leute, die nicht so unmittelbar mit der Sache zu tun haben, mit denen ich mich unterhalten kann. Freundinnen. Ich hätte nie gedacht, daß ich derlei offen zugeben würde. Männer sind zur Zeit nicht so ganz nach meinem Geschmack. Ich finde Dad immer noch schwierig, und daß nur wir drei hier sind, versetzt mich direkt in die Situation zurück, die ich lieber vergessen möchte. Die Gegenüberstellungen haben überhaupt nichts gebracht. Alles bricht von neuem über mich herein.

Ich mache mir jetzt Sorgen, ob ich mich bei dem Mann nicht getäuscht habe. War der Mann, den ich identifiziert habe, wirklich Mann 3, oder hätte es auch Mann 2 sein können? Immer wieder wache ich mitten in der Nacht auf, weil mir das unablässig durch den Kopf geht. Mann 3 oder Mann 2? Mann 2 oder Mann 3? Wenn ich den Falschen erwischt habe, könnte das alles über den Haufen werfen. Ich muß den anderen Mann sehen, um sicher zu sein. Er ist immer noch ein Schatten, ein massiger Umriß in einem graugemusterten Pullover, den ich von den Aufnahmen im Fernsehen kenne, als die drei ins Gerichtsgebäude gebracht wurden. Immer wieder diese Bilder von unter Decken versteckten Gestalten. Gaffer, die auf das Dach des Kombis einhämmern und Beschimpfungen schreien. Ein Wirrwarr von Namen. Altersangaben. Sonst nichts. Ich muß es wissen. Ein Gesicht sehen. Einen Namen mit diesem Gesicht in Verbindung bringen. Das Gespenst verscheuchen. Über den, der in meinem Fall der Wichtigste ist, weiß ich am allerwenigsten. Ich will wissen, wie er unter normalen Umständen aussieht; das verschwommene Bild in meinem Kopf loswerden und es durch etwas Reales ersetzen. Ich weiß, daß er ein paar Monate älter ist als ich, obwohl ich erleichtert war, als ich erfuhr, daß er nicht im gleichen Jahr geboren ist. Das ist nicht besonders viel. Ich brauche mehr Informationen, um sie in meinem Kopf zusammenzusetzen. Und trotzdem macht mir die Vorstellung, daß ich ihn in ein paar Wochen vielleicht sehen werde, Angst.

Es war sehr nett von den Leuten, uns ihre Wohnung zur Verfügung zu stellen, aber im Augenblick ist das nicht der richtige Ort für mich. Ich habe zuviel Zeit, um dazusitzen und zu grübeln. Es wäre besser, wenn ich etwas machen könnte. Ich bin soviel Nichtstun nicht gewöhnt. David genießt es, faul am Strand zu liegen. Ich verbringe meine Ferien meistens damit, in meinem geliebten Wales für Horden von quietschlebendigen Kindern Spiele und Grillfeste am Strand zu organisieren. Wenn ich gerne irgendwo wäre, dann dort, aber das Haus, in dem wir dort immer wohnen, hat man uns nicht angeboten. Noch etwas, das mich traurig macht. Ich werd's überleben. Ich bin undankbar und nicht ganz auf der Höhe; wahrscheinlich hat das einiges mit dem 6. Mai zu tun. Wenn dieser Tag vorbei ist, wird mein Leben sich vielleicht wieder normalisieren, zumindest für ein Weilchen.

Kapitel vierzehn

Als der gefürchtete Tag da ist, bin ich ein Nervenbündel. Ich bin mittlerweile sicher, daß ich mich nicht geirrt habe, was Mann 3 betrifft. Jetzt muß nur noch Mann 2 identifiziert werden. Dad ruft bei der Polizei an, um zu sehen, ob alles wie abgemacht läuft. Tut es nicht. Ein neues Problem ist aufgetaucht, und die Gegenüberstellung ist abgesagt worden. Jetzt bleibt nur noch eine Konfrontation vor Gericht. Bis dahin werde ich Mann 2 nicht zu Gesicht bekommen. Ich bin kein bißchen überrascht. Ich habe das Gefühl, als könnte nichts mehr mich überraschen oder aus der Fassung bringen – obwohl ich zu gerne wissen würde, warum wir zu der offiziellen Eröffnung des CVJM eingeladen worden sind, nach der Art und Weise, wie ich dort meinen Abgang gemacht habe.

Ich werde mit dem Pullover rechtzeitig fertig und ziehe ihn zu der Feier an. Dad spricht die Gebete; anschließend unterhält er sich lange mit Prinzessin Anne. Sie weiß offenbar von dem Überfall und bringt die Anteilnahme ihrer Familie für unsere Familie zum Ausdruck. Ich halte mich im Hintergrund. Schließlich und endlich weiß ja niemand, wer ich bin. Oder doch? Ich bin mir da manchmal nicht sicher. Im März hatte ich keine Zeit, um nachzudenken, keine Zeit für Gefühle. Jetzt habe ich zuviel Zeit dafür. Arbeitslos zu sein verschafft meinem Körper den Freiraum, den er braucht, um sich zu erholen. Mit meinem Denken ist es eine andere Sache. Es hat sich festgehakt an dem einen Punkt. Es wäre besser, wenn ich arbeiten würde. Ich bewerbe mich um eine Verwaltungsstelle bei einer der Kirchen in London. Die Leute, mit denen ich das Einstellungsgespräch führe, kennen meinen Vater und äußern sich zu ihm und David. Ich stelle mich als »das Opfer« vor.

»Eines der Opfer«, verbessern sie mich.

Es ist nicht das, was sie sagen, sondern wie sie es sagen. Mit ihrem Tonfall geben sie mir zu verstehen, daß das, was ich durchgemacht habe, nicht so bedeutsam ist, wie jedermann es hingestellt hat. Das verkrafte ich nicht mehr. Ich fühle mich so schon schlimm genug. Ich brauche niemanden, der mir auch noch den letzten Rest von Selbstvertrauen nimmt, der mir noch geblieben ist. Die Polizei hat sich so sehr bemüht, mein Selbstwertgefühl zu stärken, mir zu sagen, daß ich etwas Besonderes bin, wichtig für ihren Fall. Das alles hat man mir weggenommen. Ich bin wieder da, wo ich angefangen habe.

Als ich mit der U-Bahn nach Hause fahre, habe ich das Gefühl, daß alle mich anschauen. Sie wissen, daß ich das Opfer war. Es hat in den Zeitungen gestanden. Sie haben mein Photo gesehen. Der Wagen ist voll, aber ich spüre, daß ich ganz alleine bin. Eine Ausgestoßene. Warum sollte jemand mich kennenlernen oder mir Arbeit geben wollen? Mich anstarren, das ist alles, was sie können. Die Bahn hat Wormwood Scrubs passiert. Dort sitzen die Angeklagten ein. Es ist meine Schuld. Ich bin zu nichts nutze, nichts wert. In White City muß ich umsteigen. Ich stehe an der Bahnsteigkante, als der Zug auf mich zudonnert. Ich brauche nur einen Schritt zu machen, und ich würde mir keine Gedanken mehr darüber zu machen brauchen, was die anderen denken.

Ich kann das nicht tun. Irgend so ein armer Fahrer müßte mit diesem Trauma leben, und für die Fahrgäste gäbe es ein Chaos. Pugs kleiner Zwischenfall in der U-Bahn hat die Leute eine halbe Stunde oder noch länger aufgehalten. Mich schaudert bei dem Gedanken, wie lange man brauchen würde, um den Schlamassel zu beseitigen, den ich anrichten würde. Schon allein die Vorstellung, daß ich überhaupt auf eine solche Idee kommen konnte, ist schrecklich.

Ich sehne mich danach, daß Pete mich in die Arme nimmt und mir sagt, daß ich nicht so schlimm bin, wie diese Leute behaupten. Er würde die richtigen Worte finden, damit ich mir nicht mehr so elend vorkomme. Er wäre entsetzt über all das, was geschehen ist. Es ist besser, daß er es nicht weiß. Dieser Schicksalsschlag ist ihm erspart geblieben. Und auch meiner Großmutter.

Als ich nach Hause komme, schließe ich mich im Bad ein und weine mir alles von der Seele. Allmählich wird das zur festen Gewohnheit. Wenn ich nicht bald einen Job kriege, um diese ständige Verzweiflung zu durchbrechen, steht mir ein ziemlich feuchter Sommer bevor. Rettung kommt von Sainsbury's. Pug hat ihre Lehre in dem Laden gemacht, in dem Prinzessin Diana einkauft. Jetzt arbeitet sie in einer neuen Filiale in Chiswick. Im Juni fange ich auch dort an. Der Geschäftsführer war früher für das Geschäft zuständig, in dem Mum arbeitet, daher versteht er die Situation und ist sehr freundlich und entgegenkommend. Die ersten paar Tage stecken sie mich in die Kuchenabteilung, wo ich Krapfen in Zellophantüten verpacke. Dabei wird mein Geist nicht sonderlich gefordert. Ich habe sogar noch mehr Zeit zum Nachdenken. Zum Glück beschließt jemand aus der Kassenabteilung zu kündigen, und es gelingt mir, mich dorthin versetzen zu lassen. Geldzählen ist eindeutig eine Verbesserung; ich muß mich stark konzentrieren.

Dad und David gehen zu der ersten Anhörung bei Gericht. Mich brauchen sie nicht. Die Polizei teilt mir mit, daß sie Opfer von Vergewaltigungen erst dann vorladen, wenn es absolut notwendig ist – um ihnen diese zusätzliche Tortur zu ersparen. Ich bin froh, daß jemand versucht, rücksichtsvoll zu sein, aber um meine Gefühle brauchten sie sich keine Sorgen zu machen. Ich bin nur eines von den Opfern. Niemand Besonderes. Außerdem würde ich ganz gerne zu der Verhandlung gehen. Es ist immer noch so wenig, was ich über Mann 2 weiß. Wenn ich ihn sähe, würde das vielleicht das Karussell in meinem Kopf zum Stillstand bringen. Ich darf nicht. Ende der Geschichte. Wäre es das doch nur! Als Dad und David nach der Anhörung nach Hause kommen, frage ich sie nur eines: »Wie heißen sie?« In Wirklichkeit meine ich: »Wie heißt er?« Sie wissen es nicht.

Ich versinke wieder in Apathie. Die Wochen vergehen. Das Leben lebt sich so dahin, aber es hat keinen Sinn. Nichts als graue Leere. Ich tue so als ob, aber es ist rein mechanisch. Als ein paar von uns eines Tages auf den Markt gehen, holt mich ein Passant ruckartig auf den Boden der Wirklichkeit zurück:

»Das ist das Haus, wo es passiert ist.«

Es ist besser, wenn man ein Zombie ist. Sicherer. Ein Zombie hat keine Gefühle. Man kann ihm nicht weh tun. Er macht sich keine Gedanken, ob er ein Opfer ist, er fühlt sich nicht jedesmal schuldig, wenn eine Erinnerung an jenen 6. März sein Gedächtnis durchzuckt. Immer wieder frage ich mich: »Warum?«, und immer wieder sage ich mir: »Hätte ich nur...« Warum habe ich nichts unternommen, um dem Ganzen ein Ende zu setzen? Wenn ich nur etwas anderes angehabt hätte. Habe ich sie gereizt? Sie irgendwie ermutigt? Was hätte ich tun können, um es zu verhindern, außer gar nicht dazusein?

Noch eine andere Angst nagt ganz weit hinten in meinem Kopf. Werde ich je imstande sein, Sex zu genießen, wenn ich nur diese grauenhafte Seite davon kenne? Das Bedürfnis, das Schöne daran zu erfahren, ist sehr stark. Der Weg dazu steht mir offen, wenn ich ihn einschlagen will, aber in mir sperrt sich alles dagegen. Außerdem hat mein Körper genügend Demütigungen erlitten. Das Herumgestocher und Gepiekse bei den diversen medizinischen Untersuchungen war meinem Bild von mir selbst nicht gerade zuträglich. Es gibt Zeiten, da komme ich mir vor wie ein Sack Kartoffeln, den jemand anderer ganz nach Belieben herumschubst. Das ist genug, um jedem für den Rest seines Lebens die Lust auf Sexualität zu nehmen.

Ich fahre nach Wales, um in dem Ferienlager zu arbeiten. Der Leiter überträgt mir die Verantwortung für eine Gruppe, um »mich abzulenken«. Eine sehr schwierige Situation schafft genau das, für ein paar Stunden, dann fangen wieder die Selbstanklagen an. An einem so wunderschönen Ort komme ich mir noch häßlicher vor. Scrubby ist inzwischen wieder sauber. Wir haben das Blut an seinem Ohr ausgewaschen, und er ist so gut wie neu. Ich wünschte, man könnte das gleiche von mir sagen. Alles Waschen der Welt wird mich nicht in meinen früheren Zustand zurückversetzen. Ich bin nur ein Schandfleck in der Landschaft.

Ich stehe oben auf der Klippe und schaue über die Bucht zu

den Bergen und der langen Küstenlinie von Anglesey hinüber. Mein weißer Rock bläht sich in der Brise, die vom Meer her weht. Ich habe ihn mir im Frühling gekauft, zu dem rosa Pullover für den Besuch von Prinzessin Anne. Damals habe ich mir keine Gedanken über die Farbe gemacht. Jetzt habe ich das Gefühl, daß ich mir selber etwas vormache, wenn ich ihn anziehe. Ich bin nicht rein und unbefleckt. Ich bin aus zweiter Hand. Wie die Kleidung, die wir als Kinder immer anziehen mußten. Kein Mensch wußte, wo sie herkamen, aber ich hatte immer das Gefühl, als hafte ihnen irgendwie ein Makel an.

Die Depression, gegen die ich den ganzen Sommer angekämpft habe, hat sich nicht gegeben, wie man gehofft hatte. Sie wird sogar immer massiver. Meine Beziehung zu David klappt nicht besonders. Durch die Zusammenarbeit mit einer Gruppe Gleichgesinnter wird mir klar, wie weit wir uns in unseren Vorstellungen voneinander entfernt haben. Zu Beginn unserer Beziehung war er zwar Agnostiker, aber er war bereit, über Glaubensfragen zu diskutieren. Er ging sogar mit mir in die Kirche. Nach der Vergewaltigung änderte sich das. Er konnte einen Gott der Liebe nicht akzeptieren, der zuläßt, daß einem seiner Kinder so etwas wie dieser Überfall zustößt. Er wollte ein Wunder sehen. Ich habe ihm erklärt, daß seine Genesung ein Wunder ist. Ich hätte nie gedacht, daß er schon acht Tage, nachdem er auf die Intensivstation eingeliefert worden war, entlassen würde. Er führt diese Genesung auf die Kunst der Ärzte zurück und lehnt die Vorstellung ab, daß das Beten von Menschen auf der ganzen Welt einen Einfluß darauf gehabt haben könnte.

Um alles noch schlimmer zu machen, ist er bei der Polizei aus medizinischen Gründen abgelehnt worden. Das ärgert ihn fürchterlich. Die Leute im Krankenhaus hatten ihm gesagt, daß mit ihm alles in Ordnung sei. Bei der Armee wurde er als tauglich eingestuft. Die Polizei ist jedoch anderer Meinung. Er hat Angst, daß man ihm nicht die ganze Wahrheit gesagt hat. Er könnte recht haben; auf dem geschädigten Ohr hört er zunehmend schlechter. Er ist rastlos und nervös. Ich kenne dieses Gefühl nur zu gut. Wir können nicht mehr über religiöse Fragen sprechen. Und über das Thema, das uns am meisten beschäftigt, können wir auch nicht reden. Nicht so intensiv, wie mir das jetzt not täte. David kommt sich nutzlos vor, minderwertig. Es gibt nur wenige Bücher zu diesem Thema, keiner von uns beiden hatte viel mit irgendwelchen Beratungsstellen zu tun, und allmählich fangen die Leute an, das Thema zu wechseln, wenn wir darauf zu sprechen kommen. Wir sind ganz auf uns gestellt. Zumindest versteht David, was ich durchgemacht habe. Wenn unsere Beziehung in die Brüche geht, habe ich niemanden mehr. Kein anderer Mann wird sich für mich interessieren. Der einzige Mensch, der mich so lieb hat, daß er mich heiraten will, ist nicht mehr auf der gleichen Wellenlänge. Wofür lohnt es sich da noch zu leben?

Unmittelbar nach dem Überfall schien mir das Leben so kostbar, so wichtig. Was ist nur passiert? Warum fühle ich mich jetzt so fürchterlich, ausgerechnet in der Gegend, die immer so heilsam für mich war? Warum hast Du mich nicht sterben lassen, Gott? Wenn ich tot wäre, brauchte ich nicht mit all diesen Erinnerungen zu leben. Zu sterben ist wahrscheinlich viel leichter. Von einem Augenblick zum anderen wäre alles vorbei. Ich stehe an einer geeigneten Stelle. Hier gibt es keinen Berufsverkehr, keine Leute, die man in Gefahr brächte. Nur die Wellen, die da unten gegen die Felsen branden. Die Leute werden betroffen sein, aber sie werden sich von dem Schock erholen. Ich bin kein großer Verlust.

Aber den Kindern würde es Angst machen, einige vielleicht zu Tode erschrecken. Zum zweiten Mal widerstehe ich der Versuchung, aber ich bin erschöpft. Völlig und aufs äußerste. Ich bin wieder darauf angewiesen zu vertrauen. Nichts mehr ist von mir übrig. Du mußt übernehmen, Gott, und mir wieder aufhelfen. Ich kann alleine nicht weiter. Ich bringe nicht einmal mehr die Energie auf, den einen Schritt über die Klippe zu tun.

Gott sei Dank merken die anderen in der Gruppe nicht, wie mir zumute ist. Außer Shirley, die in der Koje unter mir schläft.

Seit ich ungefähr zehn war, hatte ich keine Alpträume mehr. Jetzt habe ich gleich zwei. In der ersten Nacht ist es eine Art »Zurück-in-die-Zukunft«-Erlebnis. Jemand, den ich kenne, will einen Motorradausflug machen; er trägt einen silberfarbenen Helm. Ich habe das alles schon einmal gesehen. Ich weiß, er wird einen tödlichen Unfall haben, aber ich kann ihn nicht aufhalten. Es wäre falsch.

Offenbar habe ich mich hin und her gewälzt und mich in meinem Bettzeug verheddert. Für Shirley war die Nacht fast genauso schlimm wie für mich. Die Tatsache, daß es bereits jemanden gibt, der über meine unruhige Nacht Bescheid weiß, bedeutet, daß ich in der Lage bin, meine Ängste zu artikulieren. Es sind nicht bloß die Bilder, sondern mein Kampf mit mir selber in einem Zustand des Halbschlafs, der mich so erschöpft hat.

In der zweiten Nacht träume ich, daß ich mir selber beim Sterben zusehe. Auch nicht viel beruhigender als der erste Alptraum. Shirley wird mich nach Ealing zurückwünschen, wenn ich so weitermache. Ansonsten scheint mit mir alles in Ordnung zu sein. Körperlich wirke ich unverändert. Was stimmt denn nicht mit mir – außer meinem mangelnden Schamgefühl, wenn ich mich umziehe? Das hat mehr als einmal pikierte Kommentare provoziert. Offensichtlich ist das etwas, das ich wieder lernen muß. Die diversen medizinischen Untersuchungen haben mir jeden Rest von Schamgefühl genommen, der mir nach der Vergewaltigung noch geblieben war. Schließlich habe ich aufgegeben und mir gedacht: »Laß sie doch gucken. Warum sollte mir das was ausmachen? Beim ersten Mal bin ich auch nicht um meine Meinung gefragt worden.« Die Tatsache, daß ich mit einigen Mädchen, die nie etwas Schockierenderes als die Gemeinschaftsduschen in der Schule kennengelernt haben, ein Zimmer teile, lehrt mich ein bißchen mehr Zurückhaltung, obwohl es noch die Frage ist, ob sie das auch so nennen würden. Ich scheine immer gleich die Schleusen aller Wasserwerke in ganz Wales zu öffnen, und selbst in der Betriebsamkeit des Ferienlagers bringe ich es fertig, mir einen Teil der Verletztheit, die sich angestaut hat, von der Seele zu weinen. Als die vierzehn Tage zu Ende gehen, hat Gott die Sache schon viel besser im Griff.

Am letzten Abend erleben wir einen herrlichen Sonnenuntergang. Als alles ruhig ist, wandern der Leiter und ich den Berg hinauf, um dem Hausverwalter ein paar Schlüssel zu bringen; anschließend setzen wir uns ein Weilchen hin und plaudern. Er will wissen, was ich wegen meiner Beziehung zu David unternehmen werde. Das ist eine gute Frage. Eine Menge Leute haben mir den Rat gegeben, daß es nicht gut wäre, nur wegen dem, was passiert ist, zusammenzubleiben. Andere sind anscheinend der Ansicht, es wäre schön, wenn alles gut ausgeht und wir heiraten. Ich bin völlig durcheinander. Ich will David nicht weh tun, und ich will nicht den möglicherweise einzigen Heiratsantrag, den ich je bekommen werde, einfach abschlagen, aber ist das eine tragfähige Grundlage für eine lebenslange Beziehung? Ich glaube nicht. Ich mag ihn als Menschen, aber ich habe nicht das Gefühl, daß ich in ihn verliebt bin. Nicht genug, um die Beziehung fortzusetzen. Der Leiter weiß das vielleicht gar nicht, aber ich habe darum gebetet, daß jemand mir die Richtung weist, die richtigen Fragen stellt. Alle scheinen sie nach den Abfuhren, die ich ihnen anfangs erteilt habe, aufgegeben zu haben. Er hat völlig recht. Ich muß eine Entscheidung treffen.

Während ich weg war, hat David im Pfarrhaus gewohnt. Er weiß, daß ich zurückerwartet werde, aber als ich nach Hause komme, ist er mit Freunden in der Kneipe. Daß er mich, als er heimkommt, dann mit Pug verwechselt, macht die Sache auch nicht besser. Danke, Dave, das ist genau die Art von Bestätigung, die ich brauche.

Trotzdem ist es unglaublich schwer, mit ihm Schluß zu machen. In seinem Kopf hatte er unser zukünftiges Leben genau geplant. Er würde zur Polizei gehen. Dann würden wir heiraten. Wie in all den schönen Romanen würden wir dann bis an unser Lebensende glücklich sein. Statt dessen hat er von der Polizei einen ablehnenden Bescheid bekommen, und ich versuche ihm beizubringen, daß ich unsere Beziehung beenden will. Es fällt ihm schwer, das zu akzeptieren, und er findet nicht, daß wir uns innerlich immer mehr voneinander entfernen. Könnten wir nicht bis nach der Gerichtsverhandlung zusammenbleiben?

Ich habe eine Vorladung erhalten und soll als Zeugin der Anklage erscheinen, wenn der Fall im Old Bailey verhandelt wird, aber der Termin steht noch nicht fest. In London kann das bis zu einem Jahr dauern. Bis jetzt sind erst sechs Monate vergangen, obwohl es mir manchmal wie ein ganzes Leben vorkommt. Ich könnte nicht noch ein halbes Jahr in einem Niemandsland leben. Es ist besser, einen klaren Schlußstrich mit David zu ziehen, aber ich hoffe, daß wir Freunde bleiben können. David war ein so wichtiger Teil meines Lebens. Mir wird angst bei dem Gedanken, wie es ohne ihn sein wird.

Kapitel fünfzehn

David und ich haben uns getrennt. Nach meiner Rückkehr aus Wales hat die Beziehung sich noch eine Weile so dahingeschleppt, aber es hat einfach nicht mehr richtig funktioniert. Es war unausweichlich, dem ein Ende zu machen. Trotzdem habe ich mich schrecklich gefühlt nach den Worten, die David sagte, als er ging:

»Wenn du mich je brauchst, ich werde warten.«

Jetzt fühle ich mich in dreierlei Hinsicht schuldig: daß ich mich bereit erklärt habe, ihn zu heiraten; daß ich mich von ihm getrennt habe und daß ich überhaupt zugelassen habe, daß er etwas mit mir anfängt. Wären wir nicht miteinander gegangen, dann wäre er nicht im Pfarrhaus gewesen, er wäre nicht verletzt worden und seine Zukunftspläne wären nicht durchkreuzt worden. Freunde versuchen mir einzureden, daß es ja auch seine Entscheidung war, aber das überzeugt mich nicht. Ich habe das Gefühl, daß ich ihn benutzt habe. Nach dem, was geschehen war, brauchte ich so dringend etwas, woran ich mich festhalten konnte; mein Ja, als er mir einen Antrag machte, war also fast unvermeidlich. Ich war so verletzlich; ich brauchte eine wie auch immer geartete Hoffnung. Das Bewußtsein, daß jemand mich liebte, war wie ein Anker, eine Rettungsleine. Allerdings sehe ich ein, daß es wahrscheinlich nicht fair von ihm war, mich ausgerechnet zu diesem Zeitpunkt zu fragen. Es gab so viel, mit dem ich mich damals herumschlug: Schwangerschaft, Abtreibung, Adoption. Ich hätte nicht ja sagen dürfen, aber ich war nicht in der Lage, klar zu denken.

Das ist im übrigen nach wie vor so. Es gibt Tage, da frage ich mich: »Was habe ich getan? Habe ich meine einzige Chance zu heiraten leichtfertig ausgeschlagen?« Jetzt bin ich ganz auf mich gestellt. Keiner ist in die Bresche gesprungen. Ich vermisse David. Mit ihm konnte ich reden, er wußte, was ich durchgemacht hatte, selbst wenn wir nicht ins Detail gehen oder über die Dinge sprechen konnten, die mich von innen heraus auffressen.

Zumindest sind die Zeitungen nicht an die Einzelheiten der Vergewaltigung gekommen. Ich glaube, ich könnte nie wieder erhobenen Kopfes unter die Leute, wenn sie wüßten, was für Dinge da passiert sind. Hoffentlich ist die Mehrheit der Bevölkerung genauso naiv, wie ich es war, und weiß genausowenig, was bei einer Vergewaltigung tatsächlich geschieht. So wie es aussieht, hat der Presserat den Zeitungen auf die Finger geklopft wegen einiger Dinge, die sie gedruckt haben, aber ich bezweifle, daß das irgendeinen Effekt haben wird. Sie können ja nicht mehr tun als sagen: »Ihr bösen Buben.« Der Schaden ist nicht mehr wiedergutzumachen.

Harry Greenway verfolgt die Sache im Parlament weiter. Er versucht eine Garantie durchzusetzen, daß die Anonymität der Opfer von Vergewaltigungen von dem Zeitpunkt an, wenn das Verbrechen gemeldet wird, gewahrt bleibt. Es tut gut zu wissen, daß sich jemand immerhin so viele Gedanken darüber macht, daß er versucht, etwas zu erreichen, und es wird der Mühe wert sein, wenn andere Frauen in einer ähnlichen Situation besser geschützt sind als ich. Die Leute kennen den Namen meiner Familie, unsere Adresse (je nachdem, welche Zeitung sie lasen), sogar wie ich angezogen und frisiert war, und zwar praktisch vom ersten Tag an. Aber ich weiß immer noch nichts Genaueres über die Männer, die über mich hergefallen sind. Irgend etwas stimmt da nicht.

Ich will nicht darüber nachdenken. Auch nicht über David. Ich werde nach vorne blicken, nicht zurück. Da gibt es nur ein kleines Problem. Das Gerichtsverfahren hängt wie eine häßliche schwarze Wolke am Horizont. Vielleicht ist es doch keine so gute Idee, nach vorne zu blicken. Ich werde mich auf das Hier und Jetzt konzentrieren.

Das funktioniert vier ganze Wochen – bis Pug mir eines Donnerstags, Anfang Oktober, auf meinem Weg von der Arbeit entgegenkommt. Es ist wieder eingebrochen worden. Ich muß fast lachen, weil ich es einfach nicht fassen kann. Seit dem letzten Mal sind genau sieben Monate vergangen. Was ist an unserem Haus so Besonderes?

Im Pfarrhaus grüßt mich der vertraute Anblick von ausgeleerten Schubladen, Polizeibeamten und silberfarbenem Pulver für die Fingerabdrücke. Einer der Polizisten, der am ersten Fall mitgearbeitet hat, ist auch da. Es tut gut, ihn zu sehen, aber es stimmt mich traurig, als ich erfahre, daß er den Dienst quittieren will. Diesmal hat die Polizei nicht viele Fingerabdrücke gefunden; sie nehmen an, daß es Halbstarke waren. Viel ist nicht gestohlen worden. Der Hausmeister der benachbarten Schule hat Alarm geschlagen, als er das Splittern von Glas hörte. Vielleicht hätte ich doch nicht so verächtlich auf das Projekt der Nachbarschaftswacht reagieren sollen.

Ich gehe durchs Haus und mache mir ein Bild von dem Schaden. Alles scheint sinnlos. Mein Keramiksparschweinchen liegt in Scherben auf dem Boden, aber das Geld haben sie nicht genommen. Auf einer Sparbüchse von Chocolate Buttons sind sie herumgetrampelt. Ruhelos laufe ich herum, immer noch in meinen Mantel gehüllt, und mache sarkastische Bemerkungen. Dieses Einhüllen hilft mir. Keiner braucht zu wissen, wie sehr ich innerlich leide. Es hat mich direkt zum 6. März zurückkatapultiert, nur empfinde ich es jetzt noch intensiver. Diesmal ist da nicht diese Betäubung, die meinen Gefühlen die Schärfe nehmen könnte. Auf gar keinen Fall werde ich mich von meinem Mantel trennen. Seit meiner Kindheit sind Mäntel für mich ein Symbol der Sicherheit. Wenn ich je Sicherheit gebraucht habe, dann jetzt.

Eigentlich müßte ich zu einer Versammlung, aber ich verkrafte es jetzt nicht, anderen Leuten gegenüberzutreten. Telephone sind sicherer; da kann niemand mein Gesicht sehen. Ich wähle eine der Nummern, die ich so oft angerufen habe, daß ich sie auswendig kann. Es ist keiner da, auch unter der nächsten Nummer erreiche ich niemanden, ebensowenig unter der übernächsten. Schließlich gelingt es mir, jemanden zu Hause anzutreffen. Wir unterhalten uns eine Zeitlang, aber das ist nicht genug. Ich brauche jemanden, dem ich vertraue, und zwar hier, bei mir. Jemanden, mit dem ich über die Ängste reden und die Gespenster verjagen kann, vor allem aus meinem Zimmer. Wieder war ein Fremder im Zimmer. Unaufgefordert. Ich weiß nicht einmal, wie er aussieht. Erst neulich habe ich das Zimmer umgeräumt, um es mir leichter zu machen, einige Erinnerungen an das erste Mal loszuwerden; das macht alles noch schlimmer. Was soll ich denn noch tun? Die Leute sind ohnehin überrascht, daß ich es schaffe, überhaupt in diesem Zimmer zu schlafen. Bis jetzt hat niemand mich davon abhalten können. Es ist mein Zimmer. Und auch jetzt wird mich niemand daran hindern. Aber es ist ein schwerer Kampf.

Ich nehme ein Bad und heule mir ein bißchen von meiner Wut und meinem Zorn von der Seele, dann lege ich mich im Dunkeln auf mein Bett. Ich brauche jemanden, der mich in die Arme nimmt, aber es ist niemand da, um mich zu trösten. Ich bin ganz alleine. Diesmal ist kein Jim da. Kein David. Nur Du und ich, Gott. Und es geht mir nicht besonders gut. Du wirst mir helfen müssen. Bitte.

Als wir eine Bestandsaufnahme machen, stellt sich heraus, daß nur wenig fehlt. Erstens gibt es hier nicht viel zu stehlen. Mums weniger Schmuck, den die Polizei wiederbeschaffen konnte, ist wieder weg. Ebenso meine Kette und ein goldenes Armband, das Joe mir geschenkt hat. Wir können auch ohne das leben. Nicht *was* gestohlen worden ist, bringt mich so aus der Fassung. Daß man mir das bißchen Gefühl von Sicherheit genommen hat, wirkt viel verheerender. Wieder sind Leute im Pfarrhaus gewesen. In meinem Zimmer. Sie wissen, wo alles ist. Was kann sie davon abhalten, zurückzukommen?

Ich verbringe eine ziemlich unruhige Nacht. Morgens bin ich müde und gereizt, aber ich habe keineswegs die Absicht, den ganzen Tag zu Hause zu bleiben. Es ist besser, wenn ich zur Arbeit gehe. Wir müssen weitermachen, als wäre nichts geschehen – falls uns das je gelingt. Die Leute, mit denen ich zusammenarbeite, sind sehr mitfühlend, als ich ihnen erkläre, daß man schon wieder bei uns eingebrochen hat – zumindest einige von ihnen. Eine meiner Kolleginnen erklärt mir, ich würde »das Unglück anziehen«. Ich traue meinen Ohren kaum. Ich arbeitete doch bei Sainsbury's, als es passierte, und trotzdem erzählt sie mir, daß es meine Schuld ist. Vielleicht hat sie recht. Bin ich mit irgendeinem verhängnisvollen Makel gezeichnet? Sie ist offenbar dieser Ansicht. Vielleicht denken andere genauso, sind nur zu höflich, um es auszusprechen.

Der Vormittag zieht sich endlos dahin. Mehr denn je brauchte ich jemanden, der mich einfach in die Arme nimmt. Mein Körper ist bei Sainsbury's; mit meinen Gedanken bin ich wieder im März und durchlebe noch einmal die Ängste und Qualen. Ich versuche, mich ganz auf meine Arbeit zu konzentrieren, muß aber ständig gähnen. Die anderen glauben, ich sei müde oder habe Kopfschmerzen, weil ich so still bin. Die sollen glauben, was sie wollen. Ich würde wie der Blitz von hier verschwinden – wenn ich die Kraft hätte, mich von meinem Stuhl zu erheben. Ich bin froh, als es Mittag ist. Ein paar Leute von der Belegschaft feiern einen Geburtstag. Vielleicht lenkt mich das ein bißchen ab. Tut es nicht. Über kurz oder lang ertappe ich mich dabei, wie ich von den beiden Einbrüchen erzähle. Wenn ich nicht aufpasse, werde ich die Leute ganz allmählich langweilen mit dem immer gleichen Lied. Diesmal scheint es noch zu gehen, aber die Mädchen, mit denen ich mich unterhalte, sind schockiert. Von dem ersten Überfall haben sie gar nichts gewußt. Ich habe mich schon gewundert, wie sie über eine Vergewaltigung in einer der Fernsehserien geredet haben. Vergewaltigung scheint derzeit in Zeitschriften und im Fernsehen »in« zu sein. Sowohl »Brookside« als auch »East-Enders« haben Geschichten zu diesem Thema gebracht. Hoffentlich gelingt es, dadurch das Bewußtsein der Leute dafür zu schärfen, was für ein Trauma so etwas auslöst. Es wäre vielleicht gar keine schlechte Sache, wenn einige Leute gezwungen würden, sich das anzusehen.

Der Nachmittag verläuft etwas glimpflicher, und als ich nach Hause komme, ist alles wieder fast normal. Die Fingerabdruck-Dame hat die Münzen aus meiner Schweinchenbank zu kleinen Haufen geschichtet, und ein paar von den Schubladen, die herausgezogen wurden, kann ich jetzt wieder zumachen. Das zerbrochene Schwein liegt immer noch am Boden. Ich werde die Scherben nicht zusammenkehren. Das muß sich erst richtig setzen. Ich muß das erst verarbeiten, ehe ich weitermachen kann.

Am Samstag will ich nichts als schlafen, aber es geht nicht. Ich muß zur Arbeit. In gewisser Hinsicht bin ich ganz froh darüber. Ich bin mir immer noch nicht schlüssig, ob ich mich in diesem Haus je wieder sicher fühlen werde. Im Lokalblatt steht ein Artikel über den Einbruch, mit dem Kommentar, daß unser Haus abgeschieden liegt und wir nur wenige Nachbarn haben. Es ist nicht die erste Zeitung, die so deutlich wird. Ich frage mich, warum sie nicht einfach Schlüssel verteilen. Auf diese Weise könnte man sich das Geld für das Reparieren der zerbrochenen Fensterscheiben sparen.

Arbeiten hilft auch nicht. Ich hätte doch im Bett bleiben sollen. Ich arbeite heute mit anderen Leuten zusammen, und ich glaube, noch nie habe ich einen Tag erlebt, an dem so gemein und abstoßend dahergeredet wurde. Und das waren Leute aus der Geschäftsleitung. Einen habe ich ganz gern gemocht. Bis jetzt. Ich wußte nicht, daß er Witze über Sodomie und Analverkehr so amüsant findet. Ich tue das ganz bestimmt nicht. Ich würde mich am liebsten übergeben, rausrennen, laut schreien: »Analverkehr ist nicht amüsant. Es ist die Hölle.«

Ich zwinge mich zu bleiben, aber nur mit großer Mühe. Bin ich überempfindlich? Stimmt irgendwas nicht mit mir? Wen wollen sie beeindrucken? Es sind meine Chefs. Leute, vor denen ich Respekt hatte. Ist es naiv, ein bestimmtes Maß an Anständigkeit zu erwarten? Soll ich ihnen sagen, wie verletzend ihre Ausdrucksweise und ihre Gespräche sind?

Später versuche ich, mit einem von ihnen zu reden, aber er scheint überhaupt nicht zu verstehen. Die Witze und Anzüglichkeiten gehen weiter. Die einzige Art und Weise, wie ich darauf reagieren kann, ist, daß ich kurz angebunden bin oder ihn einfach ignoriere. Keine besonders gute Methode, um das Problem zu lösen, aber die Wunden sind einfach zu tief. In gewisser Hinsicht war dieser Überfall schlimmer als der erste. Als alle erwarteten, daß ich zusammenbreche, passierte nichts Derartiges. Jetzt, wo ich am Boden bin, haben die Leute das Interesse verloren. Ich muß bis Sonntag warten, ehe eine Ärztin aus der Gemeinde in der Kirche das tut, wonach ich mich so sehr gesehnt habe: Sie nimmt mich in die Arme.

Kapitel sechzehn

Jim kommt zu Besuch. Nur für eine Nacht, aber ich freue mich so sehr darauf. Ich habe das Gefühl, daß ich ihn seit Wochen nicht mehr gesehen habe. Seit dem Einbruch habe ich mich wieder ein bißchen zusammengerappelt, aber die Rückblenden kommen für mein Gefühl viel zu oft. Vielleicht hilft er mir, die Dinge wieder ins Lot zu bringen. Die Schwierigkeit ist, daß es so vieles gibt, das einen solchen Rückfall auslösen kann: Gummihandschuhe, Badesalz, Küchenmesser, das silberfarbene Pulver für die Fingerabdrücke, das wir von ein paar Möbelstükken einfach nicht runterkriegen. In dem einen Augenblick lebe ich ganz vergnügt vor mich hin, und schon im nächsten durchlebe ich noch einmal den 6. März, von Anfang bis Ende.

Ich bin zu einem Umtrunk eingeladen, den der Polizeibeamte gibt, der den Dienst quittiert. Ich gehe gerne hin, und sei es nur, um mit ihm anzustoßen und ihm für alles zu danken, was er für mich getan hat. Es ist richtig schön zu sehen, wie die Polizisten sich, wenn sie nicht im Dienst sind, amüsieren. Seit Monaten habe ich mich nicht mehr so wohl gefühlt. Eine ganze Menge Leute auf der Party hatten hinter den Kulissen mit dem Fall »6. März« zu tun. Als ich mit einem von ihnen plaudere, haut es mich schier um. Er ist mir schon einmal begegnet. Auf der Türschwelle, am Tag des Überfalls. Aus irgendeinem Grund war mir dieses Bild in den letzten Tagen sehr lebhaft in Erinnerung. Die Polizei, die zur Tür hereinkommt, ich, wie ich zu dem Krankenwagen taumle, die Leute, die gaffen und ihre Kommentare abgeben. Es war schrecklich. Ich war kein schöner Anblick. Ich bitte ihn, dieses Bild aus seinem Gedächtnis zu löschen. Sich an mich so zu erinnern, wie ich bin, nicht an den Zustand, in dem er mich damals gesehen hat.

Bei Sainsbury's gibt es jetzt wohl kaum jemanden mehr, der nicht weiß, wie empfindlich ich auf bestimmte Themen reagiere. Trotzdem nimmt niemand so recht Rücksicht. Analverkehr scheint immer noch Gesprächsthema Nummer eins zu sein. Selbst eine Diskussion über Moral endet damit, daß die Leute die immer gleichen abartigen Kommentare und Phrasen von sich geben. Ich sitze da und denke: Wenn ihr wüßtet. Aber sie wissen es ja. Ich versuche die Dinge zu ändern, aber es ist eine Sisyphus-Arbeit. Ist es denn so unrealistisch, zu erwarten, daß die Leute ein ganz klein wenig Feingefühl zeigen?

Ich überlebe, aber nur mit knapper Not. Ich lerne bestimmte Tricks, um durchzuhalten, wenn es ganz schlimm wird. Wenn es im Haus quietscht und knarzt, so daß ich glaube, daß Leute da sind, stelle ich das Radio an. Das Nachtprogramm ist nie besonders anregend, aber es tröstet und beruhigt mich ein wenig und hilft mir, nicht mehr soviel Angst zu haben. Dann wieder lege ich den Schongang ein – die mechanische Methode, nach der man sich an wenig erinnert und vieles ausblendet. Ich gehe mit meinen Eltern zu irgendeiner Gemeindeveranstaltung. Einer der Vorbeter spricht ein Bittgebet, in das er die Familie einschließt. Schnoddrig denke ich mir: Ist irgendwas passiert? Was war es doch gleich?

Das alles sind Abwehrmechanismen, ein Versuch, mich vor weiteren Verletzungen zu schützen. Soweit das möglich ist. Es klaffen so viele Lücken in meiner Abwehr. Jim kommt nicht. Sein Auto ist gestohlen worden; die Polizei hat es gefunden – ausgebrannt. Seine Gitarre, seine Tonbänder, seine Bücher, die Schlüssel, alles ist einfach in Flammen aufgegangen. Das einzige, was übriggeblieben ist, ist ein bunter Flicken auf dem Gewand, das er immer anhatte, wenn er den Gottesdienst hielt.

Ich könnte zu der Ärztin gehen und mit ihr reden, aber sie wird mich bald nicht mehr sehen können. In den letzten paar Monaten war es ein ständiges Auf und Ab mit mir. Als ich klein war, kannten die Ärzte ihre Patienten offenbar immer genau. Als ich älter wurde, hatte ich den Eindruck, daß keiner wußte, wer ich bin. Jetzt kennen sie mich sehr wohl. Sie müssen mich für eine absolut hypochondrische Person halten, bei all den Symptomen, mit denen ich ständig aufwarte.

Meine Rippen und meine Brust haben mir noch mindestens

vier Monate nach dem Überfall weh getan. Ich wurde noch einmal geröntgt, aber auch diesmal gab es kein Anzeichen, daß irgend etwas nicht in Ordnung wäre, also hat meine Ärztin mich zu einem Spezialisten geschickt. Als ich meinen Termin hatte, waren die Schmerzen weg, ich bin aber trotzdem hingegangen. Schon einmal war das so gewesen, aber dann hatte es doch wieder weh getan. Der Spezialist ließ mich stundenlang warten, dann empfahl er mir, Squash zu spielen und zu einem Psychiater zu gehen, das war alles.

Als ich aus dem Zimmer ging, war das, was ich über diesen Mann dachte, nicht gerade freundlich. Ich hatte schon geahnt, daß es nur eine Frage der Zeit war, bis irgend jemand sagen würde, meine Probleme seien vielleicht psychosomatischer Natur. Den Psychiater kann er vergessen. Ich mag Leute nicht, die in den Gedanken anderer herumstochern. Die Schmerzen in Brust und Brustkorb hatte ich schon vor dem Überfall. Mir ist die Interpretation meiner Ärztin lieber, daß ich mir wahrscheinlich einen Muskel gezerrt hatte und ihn aufgrund meiner Verkrampftheit nicht richtig ausheilen konnte. Sie hat mir erst vor kurzem gesagt, was für Sorgen sie sich Anfang des Jahres gemacht hatte. Sie hatte befürchtet, ich würde eine Rippenfell- oder Lungenentzündung ausbrüten.

Das Problem besteht zum Teil darin, daß die verschiedenen Stellen so wenig Kontakt miteinander haben. Es passiert mir laufend, daß ich irgendwelche Informationen, die ich bereits meiner Ärztin gegeben habe, in der Poliklinik oder im Krankenhaus wiederhole und umgekehrt. Auf dem Amtsweg dauert alles so unendlich lange. Es wirkt sich nicht gerade vorteilhaft auf meine derzeitige seelische Verfassung aus, wenn ich ständig all die scheußlichen Details in dreifacher Ausfertigung vortragen muß. Ich will vergessen, nicht ständig daran erinnert werden.

Wenn das nur möglich wäre. Da ist zum Beispiel meine Periode. Ich habe sie seit jeher gehaßt; jetzt ist sie ein wahrer Alptraum. Alle vier Wochen mache ich dasselbe Ritual durch: Bin ich schwanger oder nicht? Ich bin froh, wenn Dezember ist und die neun Monate um sind. Dann werde ich es mit Sicherheit wissen. Im Augenblick falle ich von einem Extrem ins andere. Einerseits habe ich jeden Monat den Beweis, daß ich unmöglich schwanger sein kann. Andererseits klammere ich mich an die Hoffnung, daß ich es doch bin. Ich sage mir, daß Frauen manchmal schwanger sind, auch wenn alle Anzeichen dagegen sprechen. Dann fange ich an, mir vorzustellen, daß die Wehen einsetzen und das Ganze damit endet, daß meine Gebärmutter platzt. Bin ich schlicht wild darauf aus, ein Kind zu haben? Oder kann ich im Unterbewußtsein einfach nicht daran glauben, daß ich eines Tages schwanger sein werde? Oder daß ich es verdient habe, schwanger zu werden? Vielleicht hatte der Spezialist doch recht, und ich sollte zu einem Psychiater gehen. Es kann doch nicht normal sein, so was zu denken?

Und als ob das nicht genug wäre, habe ich auch noch Schwierigkeiten mit Blutungen am After. Physisch tut das nicht weh, aber psychisch ist es die Hölle. Sofort denke ich: Analverkehr, Analverkehr, Analverkehr. Die Ärztin hat die Möglichkeit erwähnt, die Vene, die mir solche Probleme macht, zu verätzen. Ich wünschte, irgend jemand würde irgend etwas unternehmen. Ich will mich nicht den Rest meines Lebens damit herumplagen. Es scheint immer zu den unpassendsten Gelegenheiten zu kommen. Mit Vorliebe an Bankfeiertagen. Wenn die Praxis der Ärztin geschlossen ist.

Blut im Mund ist noch schlimmer. Vor kurzem hatte ich eine Zahnfleischerkrankung. Jeden Tag wache ich auf, und mein Mund ist voller Blut. Am liebsten würde ich mich übergeben. Ich habe mit einer Zahnhygienikerin in der zahnärztlichen Ambulanz gesprochen, aber sie meinte, das würde wieder vergehen, das sei weiter kein Problem. Für sie vielleicht nicht, aber für mich schon. Ich hasse alles, was irgendwie mit Blut zu tun hat. Der Anblick ist schon schlimm genug. Der Geschmack ist noch ekelhafter. Wenn ich mich in den Finger schneide, kann ich ihn nicht ablecken, um die Blutung zu stoppen. Früher konnte ich das. Jetzt nicht mehr. Ich muß zum nächsten Wasserhahn und es abwaschen.

Wenn es ganz schlimm wird, schlafe ich sehr viel. Seit ich sechzehn bin, schlafe ich meine Schwierigkeiten weg. Wenn ich sie erst einmal überschlafen habe, scheinen sie nicht mehr so wichtig zu sein. Ich weiß nicht, wie das angefangen hat, ob es Prüfungsangst war oder so. Die Leute halten mich manchmal für ein Faultier, weil ich soviel Schlaf brauche. Sie haben keine Ahnung, was es heißt, wenn man völlig erschöpft und erschlagen ist, keine Energie mehr hat, irgend etwas zu tun. Weil ich aussehe, als würde mir nichts fehlen, glauben sie, daß es mir gut geht. Ihnen ist nicht klar, daß ich zwar vielleicht nach außen die Fassade wahre, innerlich aber kurz vor dem Zusammenbrechen bin. Sie sagen dann so Sachen wie: »Ich bin auch müde.« Aber das ist nicht das gleiche wie psychische Erschöpfung.

Meine Ärztin hat mir empfohlen, ein Jahr lang mit der Arbeit auszusetzen, aber mit der Zeit wird es furchtbar langweilig, zu Hause rumzuhängen. Es ist ein Segen, daß sie so verständnisvoll ist, ich weiß nicht, was ohne sie aus mir geworden wäre. Sie tut alles, um mir zu helfen. Eines will ich mit Sicherheit nicht: daß ich schließlich doch Beruhigungsmittel nehme und dann das Gefühl habe, neben mir zu stehen. Ein Freund hat zeitweise acht Tabletten am Tag genommen. Ich habe miterlebt, was für eine Wirkung diese Dinger auf ihn hatten. Als mein Weisheitszahn gezogen wurde, hat man mir Valium angeboten, aber ich habe es nicht angerührt. Gott sei Dank hat mich nie jemand unter Druck gesetzt oder mir einfach ein Rezept ausgeschrieben, ehe ich überhaupt erklären konnte, was mir fehlte. Ich muß noch einmal zur Ärztin. Diesmal habe ich Herpes an den Lippen. Es ist ekelhaft, widerlich. Sie wird wissen, was man dagegen tun kann.

Leider ist meine Frauenärztin nicht da. Für ihren Vertreter sind so Nebensächlichkeiten wie Herpes oder die Krankengeschichte nicht weiter aufregend. Er hält mich für Pug und redet entsprechend mit mir. Ich beiße mir auf die Unterlippe und suche so schnell wie möglich das Weite. In Tränen aufgelöst renne ich in den Park. Es ist der, in dem mir eines Tages jemand nachgegangen ist, aber das ist jetzt nicht so wichtig. Stundenlang gehe ich auf und ab, ehe ich schließlich auf eine Bank sinke und mir die Augen ausweine. Ich mache mir Sorgen wegen des Herpes, aber ich habe auch ein verzweifeltes Bedürfnis danach, mit jemandem zu reden. Wie viele Notsignale muß ich denn noch aussenden?

Ich beschließe, zu meinen Freunden auf dem Polizeirevier zu gehen. Die wissen normalerweise, was in einem solchen Fall zu tun ist. Als ich mich einigermaßen beruhigt habe, schleppe ich mich die paar hundert Meter zur Hauptstraße und die Betonstufen hinauf, die zur Eingangstür führen. Im Hauptbüro hat keiner von denen, die ich kenne, Dienst. Ich frage, ob ich einen von den drei oder vier Leuten, die mir in der Vergangenheit eine solche Stütze waren, sprechen kann. Keiner ist da. Der Sergeant im Hauptbüro fragt mich, ob ich mit jemand anderem reden will. Er will wissen, ob mit mir alles in Ordnung ist, und will mich anscheinend nicht gehen lassen. Offensichtlich bin ich in einer noch schlimmeren Verfassung, als ich gedacht habe.

Schließlich gelingt es mir, ihn davon zu überzeugen, daß ich okay bin. Bei ihm funktioniert das, aber ich werde nicht nach Hause gehen, ehe ich mich etwas beruhigt habe und ein bißchen präsentabler aussehe. Ich wandere an den Läden auf der Hauptstraße von Ealing vorbei und versuche, ein bißchen Ordnung in meine Gedanken zu bringen. Soll ich doch zu einem Psychiater gehen? Ich bin ganz und gar nicht begeistert von dieser Vorstellung, aber ich muß mit irgend jemandem über alle diese Dinge sprechen. Was ist, wenn sie anfangen, zu tief zu schürfen? Während meiner Ausbildung als Kindergärtnerin habe ich an der Fachhochschule ein bißchen Psychologie gemacht. Ich finde Freuds Theorien erschreckend. Ich glaube nicht, daß sie sich in Gottes Plan fügen. Bestimmt heißt doch Gott vertrauen genau das: daß man eben nicht die Dinge zerpflückt und herauszufinden versucht, wie alles gekommen ist. Wenn ich mir den Fuß gebrochen hätte, wäre das alles viel einfacher. Mit physischen Gebrechen umzugehen ist so viel leichter.

Was soll ich machen, Gott? Die anderen scheinen zu glauben, daß es mir guttun würde, zu einem Psychiater zu gehen. Sonst kann mir eigentlich niemand helfen. Die anderen haben anderes im Kopf. Es ist wieder soweit: nur Du und ich. Was sollen wir in dieser Angelegenheit machen? »Warum?« zu fragen hat keinen Sinn. Es ist geschehen. Man kann die Uhr nicht zurückdrehen; es bringt nichts, über das zu klagen, was nicht zu ändern ist. Hilf mir nur, das durchzustehen. Aber heißt das wirklich, daß ich zu einem Psychiater muß?

Kapitel siebzehn

Ich fahre mit dem Lift in den dritten Stock des Krankenhauses. Ich sehe Schilder, wo es zur psychiatrischen Abteilung geht. Ob mich irgend jemand beobachtet, um zu sehen, in welche Richtung ich gehe? Ich habe eine große Tasche mit meiner Sainsbury's Arbeitskleidung bei mir, und ich will nicht, daß irgend jemand glaubt, daß ich hier eingeliefert worden bin. Es ist schon schlimm genug, daß ich überhaupt hierherkommen muß. Nervös sitze ich im Wartezimmer und warte, daß ich drankomme. Alle hier machen einen merkwürdigen Eindruck. Schwer zu sagen, wer die Patienten sind und wer die Ärzte. Bin ich froh, wenn ich wieder bei Sainsbury's bin! Mit psychischen Krankheiten habe ich mich immer schwergetan. Nicht einmal in meinen schlimmsten Träumen habe ich mir vorgestellt, daß ich eines Tages eine Behandlung brauchen würde.

Als es soweit ist, daß ich mit jemandem rede, ist es nicht annähernd so schlimm, wie ich erwartet hatte. Ich bin zu zwei Ärztinnen gekommen, und sie stellen mir einfach ein paar Fragen, ohne irgendwelche Mutmaßungen anzustellen. So eine Art Bestandsaufnahme, schätze ich, nicht allzu einschüchternd, trotz der Umgebung. Das Zimmer, in dem das Gespräch stattfindet, ist kahl und leer, abgesehen von einigen Beleuchtungsvorrichtungen und einer Fernsehkamera, die furchtbar abstoßend wirken. Die Ärztinnen versichern mir immer wieder, daß ich keine Angst zu haben brauche, die Kamera läuft nicht. Das mag ja stimmen, aber das alles macht es mir nicht gerade leicht, mich zu entspannen. Wir mußten uns anfangs sogar streiten, wer auf dem bequemen Stuhl sitzen soll. Am Ende der Sitzung bin ich ein bißchen optimistischer, fühle mich aber ziemlich wacklig. Man hat mir geraten, gar nicht erst zu versuchen, zur Arbeit zu gehen, aber ich weiß es natürlich wieder einmal besser und gehe doch hin. Später bereue ich es.

Beim zweiten Mal kommt Pug mit. Die Ärztinnen sind anscheinend der Ansicht, daß man uns allen beiden helfen könnte, also haben wir ein paar gemeinsame Sitzungen vereinbart. Gerade diesmal bin ich sehr froh, daß sie hier ist. Während wir warten, bis wir dran sind, kommt ein Mann herein, der sehr merkwürdig aussieht und laut nach einem bestimmten Doktor ruft. Er hat drei asiatische Kampfsportwaffen bei sich und wirbelt mit der größten davon in der Luft herum. Die Angestellten haben keine Ahnung, was sie tun sollen. Es sind nur zwei Frauen da, die hinter dem Schreibtisch sitzen, und weit und breit ist kein männliches Wesen zu sehen. Die Frauen rufen den Sicherheitsdienst an und tun ihr Bestes, um den Mann zu beruhigen, aber ich habe den Eindruck, daß sie genauso verängstigt sind wie wir. Es ist eine große Erleichterung, als unsere beiden Ärztinnen den Korridor herunterkommen und Pug und mich wegbringen. Ihrer Zielstrebigkeit nach zu urteilen, haben sie nicht die Absicht, groß mit dem Mann zu argumentieren. Nicht daß ich ihnen deswegen einen Vorwurf machen würde. Das ganze Gerede von wegen Gleichheit ist in der Theorie ja schön und gut, aber eine unbewaffnete Frau hat keine Chance gegen einen unberechenbaren Mann, der noch dazu eine Waffe hat. Wir sind sehr froh, daß wir im Vorbeilaufen noch die Sicherheitsbeamten sehen, die endlich, etliche Minuten, nachdem man sie angefordert hat, anrücken.

Nach diesem Zwischenfall bin ich besonders froh, daß ich nicht allzu oft hierherkommen muß, auch wenn es eine ungeheure Erleichterung ist, mit jemandem darüber sprechen zu können, daß ich mir gefühlsmäßig wünsche, schwanger zu sein. Die Ärztinnen scheinen das für ganz normal und vernünftig zu halten. Sie meinen sogar, daß eine Schwangerschaft unter Umständen die einzige positive Folge der Vergewaltigung hätte sein können. Dieser Ansicht bin ich ganz und gar nicht. Ich sehe ein, daß ein Baby mich ganz gefordert und auch abgelenkt hätte, aber gleichzeitig bin ich immer noch entsetzt, daß ich eine solche Möglichkeit unter diesen Umständen auch nur in Betracht ziehen konnte.

Ich würde gerne ausführlicher darüber sprechen, woher ich

wissen soll, wie eine sexuelle Beziehung aussehen könnte, falls sich irgendwann in der Zukunft eine solche Situation ergibt, aber sie sind anscheinend der Ansicht, daß das unproblematisch sein wird. Ich wünschte, ich wäre mir da auch so sicher. Schon bevor ich vergewaltigt wurde, hat mir das Kopfzerbrechen gemacht, und jetzt weiß nur der Himmel, wie ich damit zurechtkommen werde. Über Analverkehr zu sprechen ist noch schwieriger. Ich bezweifle, daß ich je in der Lage sein werde, irgend jemandem zu erzählen, was ich in dieser Hinsicht wirklich empfinde. Und mit Sicherheit schaffe ich es jetzt nicht, über Einzelheiten zu reden. Ich bin schon deprimiert genug. Ich will nicht, daß diese Leute mehr als unbedingt notwendig in meinem Leben herumstochern.

Über den Verlust meines Hymens kann ich leichter sprechen. Die Ärztinnen halten dieses Ereignis offenbar für genauso wichtig wie ich. Ich bin eben doch nicht irgendein überspanntes Frauenzimmer aus dem letzten Jahrhundert. Wenn Frauen manchmal traurig sind, nachdem sie aus freiem Willen ihr Hymen verloren haben, dann habe ich wahrhaftig das Recht, deprimiert zu sein. Ich bin nicht anomal, sondern nur ein ganz durchschnittliches Menschenkind, das versucht, mit dem Verlust von etwas, das ihm wichtig war, fertigzuwerden. Ich muß diesen Verlust betrauern. Ich muß darüber weinen, wütend werden, alle die Gefühle durchleben, die normalerweise zum Trauern gehören. Das leuchtet mir ein. Ich weiß schon ein bißchen, was ein schmerzlicher Verlust bedeutet und daß man dabei verschiedene Phasen durchmacht, auch wenn niemand genau sagen kann, wie oder wann. Offenbar habe ich das teilweise gemacht, instinktiv, und das beruhigt mich. Vielleicht gibt es doch noch Hoffnung für mich?

Als wir auf die Männer zu sprechen kommen, bin ich mir nicht so sicher. Verschiedene Leute waren der Ansicht, der Vergewaltiger sollte kastriert werden, aber das ist es nicht, was ich will. Das schmeckt zu sehr nach »Auge um Auge, Zahn um Zahn«, allerdings habe ich in der Tat eine Zeitlang meine Einstellung zur Todesstrafe überdacht. Mit Sicherheit wäre es mir ein großer Trost zu wissen, daß so jemand nie wieder über ein Mädchen herfallen könnte, aber was ist, wenn das Gericht den Falschen verurteilt? Ich bin nicht hundertprozentig überzeugt, daß die Todesstrafe wirklich eine Lösung ist, auch wenn sie vielleicht einen stärkeren Abschreckungseffekt hätte.

Die Urteile fallen oft sehr milde aus; ich hoffe nur, daß das Gericht die an unserem Fall Beteiligten gebührend bestraft. Nicht aus Rache, sondern damit man sieht, daß der Gerechtigkeit Genüge getan wird. Niemand will, daß ein Vergewaltiger frei herumläuft, das hat die Reaktion der Öffentlichkeit gezeigt. Sehr viele Leute haben das, was geschehen ist, verurteilt, haben gefordert, daß die Männer für das, was sie angerichtet haben, streng bestraft werden. Dad hat seine Einstellung dazu kundgetan, schon ehe er aus dem Krankenhaus entlassen wurde. In diesem Punkt sind wir offenbar einer Meinung. Gerechtigkeit und Vergebung sind durchaus nicht unvereinbar.

Trotzdem, mein Männerbild ist schwer in Mitleidenschaft gezogen worden. Ich hatte sie immer für so etwas wie Supermänner gehalten. Stark. Fähig, mit allem fertig zu werden. Aber als sie mit Waffen bedroht wurden, hatten die zwei Männer, die mich hätten beschützen können, auch nicht mehr Möglichkeiten als ich. Irgendwie muß ich herausfinden, welche Teile meines Bildes stimmen und welche ich besser vergesse. Ich habe mir eigentlich nie Gedanken darüber gemacht, wie Dad und David zumute war, als sie mich im Stich ließen. Ich war zu sehr damit beschäftigt, mit dem zu Rande zu kommen, was in mir vorging.

Die Ärztinnen meinen, alle Männer, die in meinem Leben wichtig für mich waren, hätten mich in gewisser Weise im Stich gelassen. Pete ist tot, Jim ist weggezogen, ein anderer Freund aufs College in eine andere Stadt gegangen. Insofern haben sie recht, aber derlei Dinge geschehen eben. Menschen gehen weg. Andere Menschen treten in dein Leben. Ich fühle mich nicht im Stich gelassen. Nur alleine.

Man hat mir vorgeworfen, meine Bitterkeit richte sich gegen die falschen Leute. Ich sehe das nicht so. Wenn ich wütend bin, habe ich normalerweise guten Grund dazu. Ich glaube nicht, daß ich meine Bitterkeit von irgendwo andersher übertrage. Ebensowenig stimme ich mit dem Urteil der Psychiaterinnen überein, daß ich die Täter zu sehr in Schutz nehme. Ich hasse sie nicht, und ich werde sie nie hassen. Ich hasse alles, was sie getan haben, aber ich glaube auch, daß man ihnen eines Tages vergeben muß. Sünde ist und bleibt Sünde. Gott sagt nicht, daß die eine Sünde schlimmer ist als die andere. Als ich bei der Gegenüberstellung zweien der Männer begegnet bin, hat ihre Reaktion gezeigt, daß sie wußten, sie hatten unrecht gehandelt.

Man sagt mir, ich würde mich viel mehr für sie interessieren, als ich eigentlich dürfte, aber wenn ich nicht diese Verantwortung übernehme, wer wird sich dann die Mühe machen? Ich werde mich immer viel genauer an all das erinnern als irgend jemand sonst; und ich habe doch die Reaktionen der Leute gesehen, als ich sie bat, für die Männer zu beten. In einem Punkt stimme ich mit den Psychiaterinnen überein. Sie sagen, daß es für sie keine natürliche Reaktion ist, derart beschützerisch zu sein. Ich würde es *übernatürlich* nennen. Gott allein gibt mir die Kraft, an ihnen Anteil zu nehmen, wenn andere Leute dies nicht tun. Der Bruder eines der Angeklagten ist seit einigen Monaten an eine Herz-Lungen-Maschine angeschlossen. Vor dem Schlafengehen kann ich nicht anders, als um ein Wunder für ihn zu beten. Für die anderen zu beten ist schwieriger, weil das alles zurückbringt, aber manchmal tue ich es.

Ich hatte befürchtet, die Ärztinnen würden meinen christlichen Glauben in Frage stellen, aber sie meinen, daß sie ihn eher dann anzweifeln würden, wenn ich nach all dem, was geschehen ist, mein Vertrauen in Gott verloren hätte. Ich erschrecke bei dem Gedanken, was aus mir geworden wäre, wenn das passiert wäre. Auf gar keinen Fall hätte ich mich so weit gefangen. Ich weiß: Er ist da, auch wenn sonst niemand da ist.

Einer der Ärztinnen habe ich erklärt, wie ich mir meiner Ansicht nach selber etwas vormache, wenn ich etwas Weißes anziehe, und daß ich mir in einer schönen Umgebung häßlich vorkomme. Sie sagte mir, solche Gefühle seien ganz normal. Ich hätte die Schuld des Täters auf mich genommen und sollte sie so schnell wie möglich wieder zurückgeben. Das mache ich jetzt seit einer Woche, und es ist ein großartiges Gefühl. Hoffentlich funktioniert das weiter so gut.

Die Ärztinnen glauben offenbar, daß ein Großteil meiner Probleme aus meinen Beziehungsschwierigkeiten herrührt. Sie schlagen vor, wir sollten lernen, in der Familie mehr miteinander zu reden. Mum und Dad werden eingeladen, an einer Sitzung teilzunehmen. Daß wir zusammenkommen, hilft wirklich. Irgendwie scheinen wir einander viel näher zu sein. Ich kann sogar ein bißchen mit Dad reden. Mum verblüfft mich, als sie zugibt, daß auch sie schon geweint hat, aber normalerweise nur, wenn sie allein im Bad ist. Das ist wirklich komisch. Mit Rachel zusammen sind wir schon drei, die lieber allein im Bad heulen, als irgend jemandem zu zeigen, was in uns vorgeht. Ich habe Mum nie weinen sehen, o nein, nicht einmal als Großmama gestorben ist. Obwohl – als sie nach dem Überfall ins Krankenhaus kam, hat es so ausgesehen, als würde sie gleich in Tränen ausbrechen.

Ein paar von den Schranken fallen, aber ich glaube, die Psychiaterinnen beschleunigen lediglich einen Prozeß, der schon vorher eingesetzt hat. Seit Ewigkeiten predigt Jim uns, wir müßten mehr miteinander reden. Ich sehe ein, daß er recht hat, und wir haben auch daran gearbeitet. Pugs Heirat Anfang nächsten Jahres liefert neuen Gesprächsstoff, der nicht ganz so belastet ist. Es wird eine Märchenhochzeit in der Kapelle der Krypta von St. Paul's werden. Die Ärztinnen scheinen sehr zufrieden, daß es etwas Positives gibt, auf das wir uns freuen können, und zweifelsohne wird es Zeit, daß jetzt einmal Pug im Mittelpunkt des Interesses steht und nicht ich.

Trotzdem, ich bin mir nicht so sicher, ob ein zu tiefes Herumwühlen in der Vergangenheit zum gegenwärtigen Zeitpunkt wirklich von Nutzen ist. Wenn überhaupt, dann verstärkt es mein Gefühl, ganz allein zu sein. Ich spüre, daß dadurch Dinge herausgeholt werden, die nicht herausgeholt zu werden brauchen. Oder vielleicht schon, aber nicht jetzt. Einiges in meiner Vergangenheit war vielleicht nicht gerade überwältigend, aber zumindest habe ich mich sicher gefühlt. Jetzt bin ich nur noch deprimiert, und daß ich alle paar Tage zum Psychiater muß, macht es nicht besser. Ich mache mich darüber lustig, aber im Grunde ist es mir entsetzlich. Es ist eine Art Niederlage, und darauf könnte ich verzichten. Die letzte Sitzung werde ich absagen. Diese Sitzungen sind Schwerstarbeit – jedenfalls sehr viel anstrengender, als wegzubleiben.

Eine Menge Leute haben gefragt, ob ich eine christliche Beratung möchte. Lieber nicht. Wir haben uns tatsächlich mit einer solchen Organisation in Verbindung gesetzt, wegen David, aber ich war alles andere als beeindruckt von dem Laden. Sie behaupteten Profis zu sein, reagierten aber nicht auf unsere Anfrage wegen der Bezahlung der Gebühren, und der Brief, den sie schrieben, war an die falsche Person adressiert, mit Tippex ausgebessert und sah ziemlich schmuddelig aus. Das hat mich etwas zynisch werden lassen. Ich finde, christliche Organisationen sollten sich nicht mit der zweiten Wahl begnügen. Sie sollten sich um Perfektion bemühen.

Andere Gläubige haben etwas vorgeschlagen, das man als »Heilung der Erinnerungen« bezeichnet. Sie wollen, daß ich bestimmte Bücher lese und verschiedene Kurse besuche, oder sie bieten mir an, mich zu jemandem zu bringen, der heilen kann. Ich schrecke vor alledem zurück. Es klingt zu zwanghaft. Ruck, zuck, ein Wunder. Ich weiß, daß manche Leute mit solchen Methoden geheilt werden können, aber ich glaube nicht, daß es für mich das Richtige ist. Ich erwarte keine plötzlichen Wunder. Ich bin realistisch und praktisch veranlagt, und ich muß es auf meine Weise schaffen. Wie dem auch sei, ich glaube, daß Gott dabei ist, mich zu heilen. Es wird eben eine Weile dauern. Ich darf das nur nicht vergessen, wenn ich ganz tief drinhänge in meiner Depression und mich nach irgend etwas, egal was, sehne, das mich da herausholt.

Normalerweise weiß ich genau, wer mir helfen wird, zumindest glaube ich das. Es sind immer gutaussehende Männer. Das Problem ist nur, daß Gott das nicht immer so sieht wie ich. In dem Punkt haben wir mehr als einmal ein Wörtchen miteinander zu reden. Es gibt da einen bestimmten Kerl, der mich furchtbar genervt hat. Ständig ist er ausgerechnet dann aufgekreuzt, wenn es mir dreckig ging, und hat erklärt, er hätte einige Worte von Gott für mich. Ich wollte nichts davon wissen. Das, was verschiedene Leute mir früher zu sagen versucht hatten, hatte mich überhaupt nicht überzeugt, und außerdem kam er gerade, nachdem ich mit dem Gedanken gespielt hatte, Selbstmord zu begehen, deshalb war ich besonders verletzlich. Und nebenbei war er einfach der Falsche. Zumindest dachte ich das.

Als er es schließlich doch schaffte, meine Abwehrmechanismen zu durchbrechen, erinnerte er mich an die Geschichte von der Witwe, die sich nutzlos vorkam, weil sie nur so wenig zu geben hatte, aber sie gab alles, was sie hatte, und das war mehr als genug. Das traf den Nagel auf den Kopf. Ich haderte mit Gott, weil Er mir nicht denjenigen schickte, den ich mir gewünscht hatte, aber Er hatte keinen Fehler gemacht. Die Botschaft war genau das, was zu hören mir not tat.

Kapitel achtzehn

Zumindest weiß ich, wer meine wirklichen Freunde sind. Nicht alle haben zu mir gehalten, aber doch eine ganze Reihe, obwohl ich Beziehungen schwierig finde. Laut den Experten haben die meisten Leute nur zwei oder drei enge Freunde, aber ich habe entdeckt, daß ich viel mehr habe, als ich dachte. Und ich will sie nicht verlieren. Vor allem Jim. Eine halbe Stunde am Telephon, das ist bei uns überhaupt nichts. Wenn es nicht so lange dauert, dann ist es rein geschäftlich. Trotzdem muß ich aufpassen. Die Leute werden anfangen abzuschalten, wenn ich sie überfordere.

Vielleicht ist das den Leuten manchmal eher lästig, aber reden ist die beste Art und Weise, mir zu helfen. Oder, genauer gesagt: mich reden lassen. Wenn jemand hören will, was passiert ist – mir soll es recht sein. Ich bin heilfroh, wenn ich meine Probleme irgendwo abladen kann. Wenn es jemand Neugieriger ist, der mir sein Ohr leiht, weiß ich, daß ich ohne Bedenken reden kann. Reden erschöpft mich vielleicht, aber es vermittelt mir ein Gefühl echter Erleichterung. Zu wissen, wer das verkraftet, ist schon schwieriger. Nach wie vor ist Vergewaltigung ein Tabuthema, und die Leute schrecken oft zurück oder fühlen sich unwohl, wenn sie merken, daß ich Opfer einer Vergewaltigung wurde. Ich muß an die Empfindlichkeit der Leute denken, auch wenn ihnen meine eigene manchmal ziemlich egal ist. Das letzte, was ich will, ist, daß sie meinetwegen Alpträume bekommen oder weinen müssen. Ich will kein Mitleid. Ich will nicht, daß die Leute mich bedauern. Ich will, daß sie mich so nehmen, wie ich bin.

Noch besser ist es, wenn das nicht ganz einseitig ist. Nicht, daß ich erwarte, plötzlich mit allen Problemen der Welt konfrontiert zu werden. Es gibt so viele: Depressionen, Abtreibung, sexuelle Schwierigkeiten, Familienangehörige im Gefängnis. Die Leute merken wahrscheinlich, daß ich verletzlich bin, also haben sie das Gefühl, daß sie mir von ihren eigenen Schwächen erzählen können. Leicht ist das nicht, aber es ist sehr heilsam. Ich bin doch nicht so allein, wie ich manchmal glaube. Auch andere Leute haben ihre persönliche Hölle. Sobald man jemanden hat, mit dem man über seine Probleme reden kann, wird es irgendwie erträglicher.

Freunde haben mir von einem Mädchen erzählt, das drei Monate nach mir vergewaltigt worden ist. Sie wollen, daß ich mich mit ihr unterhalte. Wie, um alles in der Welt, soll ich das anstellen? Ich kann nicht einfach zu einer völlig Fremden hingehen und sagen: »Ist heute nicht ein schöner Tag? Übrigens, ich habe gehört, daß Sie vergewaltigt worden sind. Ich auch.«

Ich möchte ihr gerne helfen, aber Vergewaltigung ist nun mal kein Thema, das man so ohne weiteres anschneiden kann. Schließlich bricht jemand das Eis. Er ist mit uns beiden befreundet und erstaunt über die Art und Weise, wie es uns offenbar gelungen ist, die Scherben unseres Lebens aufzuklauben und weiterzumachen. Und er ist überzeugt, daß wir uns gegenseitig helfen können. Er bringt uns zusammen und sagt: »Ihr wißt beide, daß ihr vergewaltigt worden seid. Sprecht darüber.« Und damit überläßt er uns uns selber. Sobald wir die ersten Hemmungen überwunden haben, sind wir nicht mehr zu bremsen. Sie ist ungeheuer erleichtert, als sie hört, daß sie nicht notwendigerweise zusammenbrechen wird, und mich beruhigt es zu erfahren, daß Sex nicht nur der Horror ist, den ich erlebt habe. Es bedeutet eine enorme Erleichterung, mit jemandem zu sprechen, der sich unmittelbar mit dem Problem identifizieren kann und ähnliche Reaktionen an sich erlebt hat. Die Fachleute hatten recht. Diese Gefühle sind alle Teil eines normalen Prozesses, von neuem leben zu lernen.

Man hat mir auch geraten, mich an eine der Organisationen zu wenden, die speziell gegründet wurden, um den Vergewaltigungsopfern zu helfen. Rachel hat mit einer solchen Einrichtung Verbindung aufgenommen, aber deren Reaktion hat uns ziemlich abgeschreckt: Sie vertreten die Ansicht, der Vergewaltiger sollte kastriert werden. Ein paarmal habe ich daran gedacht, die Telephonseelsorge anzurufen, aber das war nur so eine Idee. Ich habe es dann nicht einmal geschafft, die Nummer zu wählen.

Die Polizei war so hilfsbereit, wie man es sich nur wünschen kann. Meiner Ansicht nach haben sie es zwar versäumt, mich vor möglichen Nachwirkungen zu warnen, etwa dem Vergewaltigungstrauma, aber sie haben mir Einrichtungen für vergewaltigte Frauen genannt und mir angeboten, daß sie jederzeit für mich da sind, wenn ich sie brauche. Ich hatte immer das Gefühl, daß ich zu ihnen kommen kann, und abgesehen von dem einen Mal, als ich im Walpole-Park landete, war immer jemand da, um mir zuzuhören. Das ist gut, denn bei ihnen brauche ich mich nicht zu verstellen, sie kennen die schmutzigen Details ohnehin. Wir tun uns keinen Zwang an; ich kann ungeschminkt mit ihnen reden, und sie können genauso ungeschminkt reagieren. Mittlerweile sind sie richtige Freunde geworden. Die Frau von einem Polizisten ist auch vergewaltigt worden, und er ist besonders mitfühlend und hilfsbereit.

Sehr wichtig waren männliche Freunde. Ich brauche es so sehr, mit ihnen zu reden, und auch, daß bestimmte von ihnen, denen ich wirklich vertraue, mich einfach in den Arm nehmen. Wahrscheinlich möchte ich mir selber beweisen, daß sie nicht alle Ungeheuer sind. Es wäre ziemlich niederschmetternd, wenn das so wäre. Ich mag Männer, habe sie immer gemocht. Ich sehe gar nicht ein, warum ich jetzt auf sie verzichten sollte. Allerdings habe ich Schwierigkeiten, wenn ich erwachsene Männer weinen sehe. Weil ich selber nicht so leicht weine, verstehe ich es nicht immer, wenn andere Leute losheulen. Die eine Träne allerdings, die Pugs David vergossen hat, bedeutet mir doch sehr viel, und wenn es jemandem hilft, habe ich überhaupt nichts gegen Weinen.

Manche Leute haben sich Sorgen gemacht, wie ich auf die Vergewaltigungen, die in den Fernsehserien gezeigt wurden, reagieren würde, aber nach dem ersten Schock fand ich sie ganz hilfreich. Die Schilderung der Vergewaltigung von Sheila Grant in »Brookside« war sehr treffend, vor allem die verschiedenen Phasen, die sie anschließend durchmachte. Daß gezeigt wurde, das Trauma dauert an – das ist sehr realistisch; es war eben nicht alles nach ein paar Folgen vorbei und vergessen. Kathys Vergewaltigung in »East-Enders« hat meiner Ansicht nach durch die Bestechung und die Tatsache, daß es ihr schon das zweite Mal passierte, ein bißchen an Glaubwürdigkeit verloren. *Daß* es zum zweiten Mal passierte, hat mich echt schokkiert. Ich hatte wirklich gedacht: »Nun gut, ich bin vergewaltigt worden. Also wird etwas derartiges nie wieder passieren.« Das ging jetzt nicht mehr, und ich mußte mich mit dem Gedanken abfinden, daß es möglicherweise doch ein zweites Mal geben könnte. Vergewaltigungen werden immer häufiger. Ich kann nicht einfach sagen: Das wird mir nicht mehr passieren. Ich hoffe natürlich, daß es nicht passiert, aber ich hatte ja auch gehofft, daß es überhaupt nie geschehen würde.

Ich würde Bücher zu dem Thema lesen, wenn ich welche fände. Es gibt jede Menge über schmerzliche Verluste, aber nur sehr wenige über die Nachwirkungen einer Vergewaltigung. Es wäre eine große Hilfe, wenn man den üblichen Ablauf ein bißchen erklären würde – »Folgendes passiert. So und so sehen die verschiedenen Stadien aus, die du durchmachen wirst« –, auch wenn es im Einzelfall etwas anders abläuft. Ein bißchen hatte ich zwar gewußt, aber nicht genug, um ausreichend darauf vorbereitet zu sein.

Aber vielleicht war das sogar besser so. Wenn ich vorher gewußt hätte, wie fürchterlich allein ich mich fühlen würde, wäre ich vielleicht verrückt geworden. Bis zu einem gewissen Grad bin ich immer eine Einzelgängerin gewesen. Ich habe mich immer alleine durchkämpfen müssen, aber in einem solchen Ausmaß hatte ich das noch nie erlebt. Daß ich einsehen mußte, andere können mir nur bis zu einem bestimmten Punkt helfen, ist hart für mich. Ab diesem Punkt ist alles weitere meine Sache. Um die eigenen Gefühle führt kein Weg herum. Ich muß lernen, sie zu akzeptieren, verletzlich zu sein. Das heißt nicht, daß das Leben insgesamt schrecklich ist. In den Schmerz mischt sich unglaublich viel Freude. Gottes Liebe ist immer da, auch wenn ich sogar das manchmal nur schwer glauben kann. Wenn eine Zeile aus einem Lied mir ins Gedächtnis ruft, daß niemand wertlos ist, daß wir vor Gott alle etwas Besonderes sind, werde ich ganz ruhig. Obwohl ich mir, ehrlich gesagt, durchaus nicht wie etwas Besonderes vorkomme – ganz im Gegenteil. Ich habe immer noch Zahnfleischbluten, und mir wird übel, wenn ich das Blut in meinem Mund schmecke. Ich hoffe immer noch, daß ich vielleicht schwanger bin, und hasse mich für diese Gedanken. Es besteht die Möglichkeit, daß der Fall im Dezember verhandelt wird, und ich habe vor meinem inneren Auge ein Bild; daß ich im Gericht gebäre. Dann könnte ich das Baby dem Vergewaltiger geben und sagen: »Da. Es ist deines. Kümmere dich darum.«

Ich habe mit David gesprochen; ihm geht es auch nicht besonders gut. Ehrlich gesagt – er ist sogar ziemlich aus der Bahn geworfen. Eine solche Vergewaltigung hat genauso Folgewirkungen auf einen Mann, weit mehr, als die meisten Leute zugeben oder verstehen wollen. Von Männern erwartet man nicht, daß sie sensibel sind. Und viele sind es auch ganz und gar nicht. Ich werde versuchen, mein inoffizielles Erziehungsprogramm in dieser Hinsicht durchzuziehen. So habe ich beschlossen, daß es an der Zeit ist, meine Fehde mit dem Chef, der mich mit seinen primitiven Kommentaren so gekränkt hat, zu beenden. Wir sind beide noch in der Defensive, und die Frage ist nur, wer als erster auf den anderen losgeht. Kein angenehmer Zustand. Ich habe ihm gesagt, daß ich mit ihm reden möchte, aber offenbar kann ich ihn nie alleine erwischen. Wir haben mit den Vorbereitungen für das Weihnachtsgeschäft alle Hände voll zu tun.

In den ersten Dezembertagen sind die neun Monate Warten um. Ich bin nicht schwanger und kann es auch unmöglich sein. Es wird schwer sein, mich damit abzufinden, aber es ist auch eine große Erleichterung. Ich habe schlecht geschlafen und bin erschöpft, psychisch und physisch. Die bei Sainsbury's werden nicht allzu glücklich darüber sein, aber ich nehme einen Tag frei. Als ich am nächsten Tag wieder da bin, umarmt mich eine meiner Kolleginnen. Fast im gleichen Moment macht einer der Geschäftsführer das wieder kaputt, indem er die Bemerkung fallenläßt, er hätte gedacht, ich sei weggeblieben, weil ich schwanger sei. Er meint das als Witz und hat keine Ahnung, wie weh mir das tut. Ich wechsle das Thema und rede von der Arbeit. Schnell.

Für die Verhandlung ist ein Termin festgesetzt worden. Wir wissen jetzt, daß sie Anfang Februar stattfindet. Ich will nicht daran denken. Das Weihnachtsgeschäft müßte mich eigentlich ablenken, statt dessen macht es die Sache nur noch schlimmer. Wir sind zuwenig Personal, und ich bin so müde, daß ich mich kaum auf den Beinen halten kann. Ich brauche Urlaub, aber ich würde mich nicht besonders beliebt machen, wenn ich ausgerechnet jetzt frei nähme. Es wäre ja alles nicht so schlimm, wenn ich nur mal richtig schlafen könnte, aber es geht nicht. Sobald ich im Bett bin, fühle ich mich noch einsamer. Jeden Morgen ist mein Kopfkissen von Tränen durchweicht.

Vielleicht könnte Dad mich in die Arme nehmen, und alles wäre wieder gut? Nein. Ich würde mir ausgeliefert vorkommen. Mum, das wäre schon besser. Ich ziehe meinen Morgenrock über und mache mich auf die Suche nach ihr. Sie werkelt in der Küche herum, aber sie nimmt sich trotzdem die Zeit für eine Umarmung. Es ist wahrscheinlich das erste Mal, daß ich ihr gegenüber meine Verletztheit zugegeben habe. Jetzt weiß sie, daß wirklich etwas nicht stimmt mit mir. Nachdem wir uns eine Zeitlang unterhalten haben, macht sie einen Termin mit der Ärztin für mich aus. Das sind jetzt zusammen zweiundzwanzig Fahrten zu zehn verschiedenen Ärzten, sieben Bluttests, zwei Röntgenuntersuchungen und ein kurzer Aufenthalt im Krankenhaus. Und das alles in einem Jahr.

Die Ärztin schlägt mir vor, ein Jahr mit dem Arbeiten zu pausieren. Das kennen wir schon. Es wäre ja ganz nett, aber ich könnte es nicht rechtfertigen. Sie ignoriert meine Einwände und schreibt mich krank; Diagnose: Erschöpfungszustand. Ich schaffe es, noch ein paar Tage so dahinzuwursteln, ehe ich mich geschlagen gebe. Mir ist einfach alles zuviel; ich weiß, daß ich die Leute bei Sainsbury's im Stich lasse, also drücke ich mich davor, der Abteilungsleiterin zu sagen, daß ich nicht mehr kommen werde. Sie findet ja, daß man mir nichts ansieht, wie kann ich denn da krank sein? Sie ahnt nicht, wie gut ich allmählich meine Gefühle verbergen kann.

Am Weihnachtsabend fahre ich zu Rachel und schaffe es in die Mitternachtsmette. Weihnachten läuft einfach ab. Ich weiß nicht, wie. Mein Kopf tut weh. Ich bin zu angespannt, um zu schlafen, aber zu müde, um sonst etwas zu tun. Ich weiß nur, daß ich für eine Weile nach Wales will. Ich bin mir nicht sicher, ob ich das neue Jahr wieder vorschnell mit einem Gebet begrüßen möchte, aber ich brauche Zeit, um zu weinen, um zu schlafen, um zu leiden, um gesund zu werden und um zu entspannen. Die Ärztin meint, daß ich auch über David wegkommen muß. Da könnte sie recht haben.

Wenn ich auf 1986 zurückblicke: Das war schon ein Jahr! So viel Leid, Schmerz und Verwirrung, aber ich habe es durchgestanden. Es hat auch gute Zeiten gegeben. Sie waren zwar ein bißchen dünn gesät, aber es genügt mir, um für dieses Jahr Dank zu sagen. Gott hat mich nicht verlassen.

Mit Jim – das ist eine andere Sache. Am ersten Sonntag, den wir in Wales sind, mache ich eine Bemerkung, die ihn wirklich ärgert, und das läßt er sich auch anmerken. Nicht das, was er mir zur Antwort gibt, tut weh, sondern die Art und Weise, wie sein Gesicht mir zu verstehen gibt: »Abgelehnt«. Ich muß mir auf die Lippen beißen, damit mir nicht auf der Stelle die Tränen kommen. Wenn mein bester Kumpel mich zurückweist, wer bleibt dann noch übrig? Ich kann es überhaupt nicht leiden, vor anderen zu weinen, aber ich kann nicht verhindern, daß mir, als ich im Auto von irgend jemandem zurückfahre, die Tränen übers Gesicht rinnen. Als ich noch klein war, haben die Leute, wenn sie böse auf mich waren, sich immer gefreut, wenn ich wieder zu ihnen gekommen bin. Was ist, wenn Jim sich nicht freut? Das wäre mehr, als ich ertragen könnte.

Sobald wir ins Ferienlager kommen, renne ich zu dem Weg, der auf die Klippe führt. Wenn keiner mehr da ist, kann ich mich auch genausogut hinunterstürzen. Pete, warum bist du gestorben? Ich brauche dich jetzt, du sollst mich jetzt in die Arme nehmen. Die Versuchung wird zu groß. Eines Tages werde ich etwas tun, um dem allen ein Ende zu setzen. »Hörst du, Gott? Du mußt mich retten. Ich bin nicht mehr in der Lage, mich selber zu retten.«

Irgendwie stolpere ich den schmalen Weg zu den Hütten am Ende des Strandes hinunter. Ich liebe das Meer. Seine Majestät und Kraft. Seine Sanftheit und Gelassenheit. Sein Vermögen, Leben zu spenden und Leben zu nehmen. Ich brauche nur weiterzugehen und nicht zurückzublicken. Aber dann wäre ich für immer alleine. Selbst in den Augenblicken tiefster Verzweiflung ist immer Gott dagewesen. Er hat mir mein Leben geschenkt. Habe ich das Recht, mir dieses Leben zu nehmen? Habe ich die Kraft, das nicht zu tun? Es braucht Mut, um sich dem Leben zu stellen, und Kraft, um Mut zu haben. Meine ist fast aufgebraucht. Gott, wenn du willst, daß ich weiterlebe, dann mußt du mir die Kraft und die Stärke geben.

Ich höre jemanden von der Klippe über mir her schreien. Zwei aus der Gruppe rufen mir etwas zu. Sollen sie weiterrufen. Was auch immer los ist, es betrifft mich nicht mehr. Die zwei Jungen beginnen die Klippen hinunterzuklettern. Das sollten sie nicht tun, es ist gefährlich. Die Klippen hier sind sehr brüchig, jeden Augenblick können sie in sich zusammenstürzen. Die Jungen sind neu hier – vielleicht wissen sie nicht Bescheid. Mit äußerster Anstrengung drehe ich mich zu ihnen um. Ich kann nicht laufen. Ich kann ihnen keine Warnung zurufen, aber ich gehe nicht mehr auf das Meer zu.

Kapitel neunzehn

Wir haben es sicher und wohlbehalten ins Jahr 1987 geschafft. Ich hätte keine solche Angst vor Neujahr zu haben brauchen. In vieler Hinsicht war es ein Wendepunkt. Jim und ich haben unser Mißverständnis geklärt. Meine Probleme mit dem Schlafen habe ich gelöst, indem ich nicht mehr vor halb vier ins Bett gehe. Und das Erstaunlichste von allem: Ich habe einen neuen Freund. Es ist einer von den Jungen, die die Klippe hinunterkletterten, um mir zu Hilfe zu kommen. Vorläufig reden wir mit kaum einem über unsere Beziehung, aber mit jemandem zu gehen ist ein großer Schritt nach vorn. Eigentlich genau das, was die Ärztin mir verordnet hat, obwohl sie wohl kaum eine so dramatische Kehrtwendung vorhersehen konnte.

Ich kann es selber kaum glauben. Im Dezember war ich selbstmordgefährdet. Jetzt fange ich an, mich wieder am Leben zu freuen. Ich habe das Gefühl, eine der größten Hürden genommen zu haben. So unattraktiv und wertlos kann ich nicht sein, wie ich mir manchmal vorkomme. Ende Januar weiß ich, daß ich den neuen Mann in meinem Leben heiraten will. Pug muß aufpassen. Sie heiratet im März; könnte sein, daß ich es ihr ziemlich schnell nachmache. Das heißt nicht, daß ich nur noch an Hochzeiten denke. Die Verhandlung ist auf den 2. Februar angesetzt worden. Selbst eine neue Beziehung verblaßt bis zur Bedeutungslosigkeit angesichts des Gedankens daran. Die Schätzungen, wie lange es dauern würde, bis der Fall vor Gericht käme, waren ziemlich genau. Der Überfall wird dann fast elf Monate zurückliegen.

Im Sommer hatte Carol, die Kriminalbeamtin, mir vorgeschlagen, mir den Obersten Strafgerichtshof anzusehen, wo die Verhandlung stattfindet. Früher, als Dad Präbendar von St. Paul's war, bin ich zwar schon ein paarmal in der Gegend gewesen, aber nie im Old Bailey. Jetzt war es recht interessant, all die Geschworenen und die Leute zu beobachten, die durch die Glasdrehtüren hineinströmten. Alle mußten ihre Tasche durchsuchen lassen und eine Kontrollvorrichtung passieren, auch ich.

Einer von den im Old Bailey stationierten Polizeibeamten brachte mich zu Carol hinauf. Sie ging gerade mit einem Mädchen, das ebenfalls als Zeugin auftreten mußte, deren Aussage durch. Die junge Frau war mit elf Messerstichen verletzt worden, aber sie war vollkommen sicher, daß die Verteidiger sie total auseinandernehmen würden. Eigentlich dürfen Verteidiger nicht versuchen, Frauen, die als Zeuginnen auftreten, als unglaubwürdig hinzustellen, und ihr Lebenswandel war auch gar nicht besonders freizügig gewesen, aber sie hatte unglaubliche Angst, daß die ihre sexuelle Vorgeschichte vor Gericht zerren und sie als amoralisches Frauenzimmer hinstellen würden. Sie machte sich deswegen solche Sorgen, daß Carol sie beruhigen mußte. Mir graut heute noch, wenn ich daran denke, wie viele Zigaretten sie während des Wartens geraucht hat. Wir hörten uns ihren Fall an, und als ich erfuhr, was der Mann ihr angetan hatte, fand ich es wirklich erstaunlich, daß sie sich überhaupt irgendwelche Gedanken darüber machte, was die im Gericht über sie sagen würden.

Anschließend zeigte man mir die neuen Gerichtssäle, und ich konnte die Bombenschäden sehen. Danach kamen wir in den ältesten Teil. Das Deckenfresko vor dem Gerichtssaal Nummer eins, dem Obersten Gerichtshof, ist sehr eindrucksvoll. Innen ist der Gerichtssaal ganz mit Holz getäfelt. Mein Begleiter erklärte mir, wo jeder seinen Platz hat und welche Funktion die einzelnen Dinge haben, einschließlich des Daches über dem Zeugenstand. Früher wurden verurteilte Gefangene direkt aus dem Gerichtssaal in das darunterliegende Gefängnis und dann auf der Themse in einem Boot zu dem Ort gebracht, wo sie gehängt wurden. Der Gestank, der dann aus dem Gefängnis heraufdrang, war ziemlich grauenhaft, und das Dach sollte die Leute im Gericht vor dem Schlimmsten schützen. Ich erzählte meinem Führer, daß mein Urgroßvater bei der Verhandlung gegen Dr. Crippen als Zeuge ausgesagt hatte. Es war ein merkwürdiges Gefühl, daß sich das in genau demselben Gerichtssaal abgespielt hatte.

Bevor ich ging, hörte ich mir einen Teil einer anderen Verhandlung an. Es ging dabei um einen absolut grauenhaften Fall, aber durch die Art und Weise, wie sie ihre Fragen stellten, erweckten sie den Eindruck, als sei das Mädchen im Zeugenstand völlig verblödet. In diesem Augenblick beschloß ich: Wenn ich aussagen muß, dann werden sie es auf gar keinen Fall fertigbringen, mich als dumm hinzustellen. Ich werde alles so genau wissen, daß sie mir unmöglich das Wort im Mund umdrehen können. Ich weiß, daß ich mir wegen meiner sexuellen Vorgeschichte keine Sorgen zu machen brauche, aber ich habe miterlebt, wozu sie imstande sind und wie sie es schaffen, daß eine Frau sich so vorkommen muß, als säße sie auf der Anklagebank. Besonders wenn ihr Wort gegen das des Mannes steht.

Die Vorstellung, daß ich vor aller Augen in den Zeugenstand treten muß, behagt mir ganz und gar nicht. Ich kann verstehen, warum die Leute deswegen so nervös werden. Es gibt so viele Fragen, mit denen man die Leute in ein schlechtes Licht rücken kann. Sind Sie sexuell erfahren? Nehmen Sie die Pille? Hatten Sie früher schon Liebhaber? Oder eine Abtreibung? Oder ein uneheliches Kind? Am meisten Angst habe ich davor, daß sie mich möglicherweise wegen meiner Kleidung auseinandernehmen. Meine Freunde erinnern mich zwar ständig daran, daß ich schließlich bei mir zu Hause war, aber ich habe erlebt, wie die Anwälte manchmal die Fakten verdrehen. Sie brauchen nur ein oder zwei Suggestivfragen zu stellen: War es nicht reichlich merkwürdig, im März ein Sommerkleid zu tragen? Noch dazu ein ziemlich kurzes? Und das Bikinioberteil? Na ja ...

Der andere Punkt, vor dem ich Angst habe, ist, daß sie vielleicht damit anfangen, warum ich nicht versucht habe, mich zu wehren, oder daß sie sogar den Eindruck erwecken wollen, in Wirklichkeit hätte es mir Spaß gemacht. Zwar habe ich ja das Messer auf die Erde geschubst, aber ansonsten schien mir die einzige Möglichkeit zu überleben, das zu machen, was Mann 2 von mir verlangte. Man hat uns gesagt, daß das Ganze sehr wohl als Mordprozeß hätte enden können, also glaube ich nicht, daß mein Verhalten unvernünftig war. Was die Rechtsexperten möglicherweise daraus machen, ist freilich etwas anderes.

Einer der Kriminalbeamten, die mit dem Fall zu tun haben, erklärt mir alles ein bißchen genauer und zerstreut ein paar von meinen Ängsten. Ebenso ein Anwalt, ein Freund von Rachel. Es ist mir tatsächlich gelungen, einige Nächte richtig zu schlafen, als ich nach unserem Urlaub in Wales ein paar Tage bei Rachel war, aber jetzt, wo ich wieder zu Hause bin, ist es genau wie vorher. Die Ärztin wollte mich noch einmal für vier Tage krankschreiben, aber ich dachte, ich würde es schon schaffen. Nach einer Woche, in der ich kein einziges Mal geschlafen habe, bin ich mir da nicht mehr so sicher. Ich wünschte, ich wüßte, wie die Männer sich zu alldem geäußert haben. Ob ihre Versionen der Ereignisse auch nur entfernte Ähnlichkeit mit meiner haben. Wir wissen immer noch nicht, ob sich die Männer für schuldig erklären werden. In gewisser Weise hoffe ich, daß es zu einer Verhandlung kommt, und sei es auch nur, um ein paar von den Ungenauigkeiten klarzustellen, die im Umlauf waren, und um deutlich zu machen, daß sie nicht alle drei in gleichem Maße beteiligt waren.

So viele Dinge schwirren mir durch den Kopf, als der gefürchtete Tag näherrückt. Wie werde ich reagieren, wenn ich Mann 2 sehe? Wie heißt er? Werde ich aussagen müssen? Was ist mit David? Er wird auch da sein. Wird er mit mir reden? Ein paar Leute meinen, wenn ich arbeite, würde das meine Ängste und Sorgen vertreiben. Tut es nicht. Arbeiten kann sie eine Weile in den Hintergrund drängen, aber das ist auch alles. Ich glaube nicht, daß es gut für mich ist, wenn ich meinen Kopf allzusehr in den Sand stecke und so tue, als sei nichts, selbst wenn ich das könnte. In der Woche vor der Verhandlung gibt es nichts als Ärger. Von Donnerstag an ändern sie anscheinend täglich die näheren Einzelheiten der Verhandlung. Der Sonntagabend ist besonders entnervend. Ich bin sehr angespannt, und meine Nackenmuskeln sind ganz steif. Am Montag spüre ich erste Anzeichen schlimmer Kopfschmerzen, weigere mich aber, ein Aspirin zu nehmen. Ich will einen klaren Kopf haben. Einige Gemeindemitglieder werden ein paar Stunden beten. Wenn ich ihre Gebete je nötig hatte, dann jetzt.

Kurz nach neun führt man Dad, Rachel und mich durch den Hintereingang in das Old Bailey. Die Presse weiß, daß die Verhandlung heute stattfindet, und will eine Story. Die Polizei beruhigt mich, daß sie nur die wichtigsten Fakten drucken dürfen. Sie kriegen von uns nichts als die vorbereiteten Erklärungen, die bis nach dem Urteilsspruch zurückgehalten werden. Jedes einzelne Wort ist mit ungeheurer Sorgfalt gewählt, aber es steht eine Zeile drin, über die ich nicht sehr glücklich bin; sie soll noch gestrichen werden.

Meine diesbezüglichen Ängste rücken in den Hintergrund, als ich eine Information erhalte, auf die ich fast ein Jahr lang gewartet habe. Jemand hat mir den Namen von Mann 2 gesagt. Der Name bringt mich ziemlich aus der Fassung. Der Mann heißt anders, als ich erwartet hatte. Es ist sogar ein Name, der mir ganz gut gefällt. Wie ärgerlich. Noch immer wissen wir nicht, ob die Männer sich für schuldig erklären werden, und ob ich mich auf eine Gegenüberstellung mit Mann 2 gefaßt machen muß. Diese Vorstellung lindert meine Kopfschmerzen keineswegs, sie werden von Minute zu Minute schlimmer. Ich hätte doch eine Tablette schlucken oder wenigstens welche mitnehmen sollen. Alles, was ich habe, sind die Märchen der Brüder Grimm, um mir die Zeit zu vertreiben, falls wir sehr lange warten müssen.

Nach einigem Hin und Her findet die Polizei einen leeren Raum, in den wir geführt werden, im oberen Stockwerk, weit weg von der Presse. Die Verhandlung wird in dem Gerichtssaal stattfinden, in dem mein Urgroßvater als Zeuge ausgesagt hat. Es tut gut zu wissen, daß man den Fall für wichtig genug hält, um ihn vor den Obersten Strafgerichtshof des Landes zu bringen, aber auf den Zustand meiner Nerven wirkt das in keiner Weise beruhigend. Außerdem ist kurzfristig der Richter ausgewechselt worden, was ein bißchen irritierend ist. Genauso wie die Tatsache, daß ich immer noch nicht weiß, ob ich als Zeugin aussagen muß. Das müßten die doch inzwischen wissen? Ich schicke Rachel in den Gerichtssaal runter; sie soll mal sehen, ob sie was rauskriegt. Wenn die Männer sich für schuldig erklären, bin ich aus dem Schneider. Wenn nicht, wird die Verhandlung mit allem Drum und Dran durchgezogen. Dann werde ich in dem Zeugenstand stehen, in dem auch Urgroßvater gestanden hat.

Man hat uns gesagt, daß mein Anwalt kurz das Wort ergreifen wird. In der Zwischenzeit soll ich meine Erklärung noch einmal durchlesen. Ich habe nicht vor, mich vor Gericht bloßzustellen, aber es fällt mir schwer, mich zu konzentrieren. Ständig kommen irgendwelche Anwälte auf der Suche nach einem Zimmer für ihre Mandanten rein und gehen wieder; die Polizei hält uns soweit wie möglich mit Informationen auf dem laufenden; Rachel kommt zurückgestürzt, um uns zu sagen, daß David und sein Vater unten vor dem Gerichtssaal warten. Ich habe meiner ursprünglichen Erklärung drei Seiten hinzugefügt und versuche jetzt, sechsundzwanzig Seiten auswendig zu lernen – was unter diesen Umständen und in Verbindung mit rasenden Kopfschmerzen alles andere als leicht ist. Viele Einzelheiten habe ich bereits aus meinem Gedächtnis gelöscht. Daß ich jetzt an sie erinnert werde, katapultiert mich zurück in das Pfarrhaus, und ich muß das alles noch einmal durchleben. Ich bin es leid, die Einzelheiten dieses traumatischen Erlebnisses immer und immer nochmal zu lesen. Grimms Märchen sind auch keine Ablenkung. Ich kann mich nicht konzentrieren. Ich will nur wissen, was da unten abläuft. Erklären sich die Männer für unschuldig? Wie sehen sie aus? Werde ich als Zeugin auftreten müssen? Was ist, wenn mir schlecht wird oder ich umkippe?

Ich versuche zu schlafen, um die Anspannung zu lösen, aber das macht die Kopfschmerzen noch schlimmer. Normalerweise konnte ich jederzeit und überall schlafen. Ich wünschte, ich könnte bei einer anderen Verhandlung zusehen oder jemanden anrufen. Alles – nur nicht einfach hier rumsitzen. Und dann noch mit Dad. Er ist jetzt nicht der Richtige. Er versucht, Konversation zu machen, das kann ich jetzt überhaupt nicht. Macht schon. Macht schon. Ich ertrage das nicht länger. Seit jenem Tag im Zoo hasse ich es, mit großen Männern mittleren Alters allein zu sein. Der 6. März hat mir den Rest gegeben. Jetzt habe ich wieder so einen am Hals. Und noch einem muß ich vor Gericht gegenübertreten. Wahrscheinlich würde er sich nicht besonders geschmeichelt fühlen, daß ich ihn als »mittleren Alters« bezeichne, er ist nur ein paar Monate älter als ich.

Die Uhr an der Wand muß falsch gehen. Bestimmt ist es schon später? Ich schaue auf meine Uhr, sie ist nicht stehengeblieben. Eine Stunde verstreicht. Eineinhalb Stunden. Ich komme mir vor wie eine Gefangene. In der Falle. Eingesperrt. Ich kann nicht mal aufs Klo, weil sonst möglicherweise gleich die Presse hinter mir herjagt.

Schließlich kommt die Rettung in Gestalt von Rachel. Mann 2 hat sich in allen Punkten für schuldig erklärt. Es wird zu keiner Gegenüberstellung kommen. Ich brauche nicht im Zeugenstand zu erscheinen oder noch länger in diesem Gefängnis eingesperrt zu bleiben. Mann 3 hat beantragt, daß die Anklage wegen Vergewaltigung fallengelassen wird, sich aber dann in allen Punkten für schuldig erklärt, als das abgelehnt wurde. Der Anwalt von Mann 1 redet gerade mit dem Richter. Auch er will, daß die Anklage wegen Vergewaltigung fallengelassen wird. Das überrascht mich nicht. Warum sollte er in diesem Punkt nicht darauf bestehen, daß er unschuldig ist? Das würde ich auch tun. Schließlich wird dieser Anklagepunkt in den Akten vermerkt, aber wegen dieser Straftat wird nicht gegen ihn verhandelt werden. Da es keine Hauptverhandlung geben wird, brauchen keine Geschworenen vereidigt zu werden. Die Beweisaufnahme zur Strafmilderung kann beginnen.

Kapitel zwanzig

Vor dem Gerichtssaal kommt es noch einmal zu einer Verzögerung. Wenn die wüßten, was sie mir mit diesem Warten antun. Meine Beine haben mich die Treppe hinuntergetragen, aber nur mit Mühe. In der Ferne tauchen David und sein Vater auf. Es ist das erste Mal, seit wir uns getrennt haben, daß ich David sehe. Er sieht genauso nervös aus, wie ich mich fühle. Da keine Hauptverhandlung stattfindet, erklärt die Polizei mir, daß ich mit ihm reden darf. Er hat sich die Haare tönen lassen, und als wir uns unterhalten, merke ich, daß er sehr schlecht hört. So schlecht, daß er es allmählich sogar selber glaubt.

Polizisten unterbrechen uns. Es ist Zeit, in den Gerichtssaal zu gehen. Ich bin nicht verpflichtet, anwesend zu sein, aber ich gehe hinein, und sei es nur, um ein paar von den Gespenstern zu verscheuchen. Verschwommen nehme ich dunkle Talare, silberfarbene und weiße Perücken, Polizisten, Reporter, Leute in der Galerie über den Verteidigern und den Richter in seiner roten Robe wahr. Zu meiner Enttäuschung kann ich die eine Person nicht richtig sehen, die zu sehen mir so dringend not tut, um das Phantombild durch ein reales Gesicht zu ersetzen. Die Wärter stehen im Weg, und ich wage es nicht, allzu angestrengt hinzustarren, aus Angst, wie die Presse das auslegen würde. Ich weiß nur, daß ich ihn nie wiedererkannt hätte. Er wirkt gepflegt, ist gut rasiert, seine Haare sind ordentlich geschnitten. Ein recht gutaussehender junger Mann; er wirkt nicht wie einer, dem man etwas so Schändliches zutrauen würde. Warum konnte er nicht eine normale Beziehung aufbauen, statt in der Art aufs ganze zu gehen, wie er es getan hat?

Die Verteidiger warten mit ihrer Sicht der Faktoren auf, die das Verhalten der Männer beeinflußt haben: Drogen, Alkohol, zerrüttete Familien, Unterprivilegiertheit in der Jugend. Entschuldigt das wirklich, was sie getan haben? Man muß sie zwingen zu verstehen, daß sie das nicht an anderen Leuten auslassen können. Und es besteht immer die Gefahr, daß sie unter dem Einfluß von Drogen und Alkohol das gleiche wieder tun, wie bei Mann 2 angedeutet wird.

David sitzt neben mir. Ununterbrochen fragt er mich, was die einzelnen sagen. Ich glaube nicht, daß man im Gerichtssaal sprechen darf, aber es ist schwer, etwas zu verstehen, und die Presseleute bringen ziemliche Unruhe in den Saal. Ich wiederhole, soviel ich kann, ohne meinerseits etwas Wichtiges zu versäumen. Es scheint verschiedene, einander widersprechende Geschichten zu geben. Die eine lautet, die Männer hätten vorgehabt, in ein großes Haus in einer der Straßen in der Nähe von uns einzubrechen, aber die Dame machte ihnen nicht auf, also zogen sie zu unserem Haus weiter. Laut einer anderen Version hatten sie damit gerechnet, nur den Pfarrer zu Hause vorzufinden, und wollten lediglich einbrechen. Eine dritte spricht davon, daß Mann 2 wußte, daß eine »niedliche Puppe« im Pfarrhaus wohnte. Diese Version ist mir neu. Er hat wohl meine Schwester gemeint.

Während der Mittagspause zeige ich einem der Polizeibeamten eine Photographie von meinem neuen Freund; als ich aufblicke, merke ich, daß David uns beobachtet. Er weiß, daß ich mit einem anderen gehe, sagt aber, er selber sei nicht in der Lage, eine Beziehung einzugehen, weil er einfach nicht mit dem zurechtkommt, was Männer Frauen antun können. Ich meinerseits will den Versuch nicht aufgeben, dieses extreme Verhalten zu vergessen, das uns allen soviel Leid zugefügt hat, es durch positive Bilder zu ersetzen. Heute ist das nicht möglich.

Als wir wieder im Gerichtssaal sind, müssen wir eine Zusammenfassung der Ereignisse am 6. März über uns ergehen lassen. Ich würde am liebsten unter die nächste Bank kriechen. Die Tatsache, daß nur wenige Leute wirklich gewußt haben, was im einzelnen passiert war, hat es mir ermöglicht, einen Rest von Würde zu bewahren. Die Presseleute schreiben fieberhaft mit. Bitte, Gott, mach, daß sie das nicht drucken. Am allermeisten habe ich mir gewünscht, daß niemand die Einzelheiten erfahren soll. Es ist schon schlimm genug, daß eines unserer Gemeindemitglieder hier im Gerichtssaal ist. Ich weiß, er ist Polizist und hat wahrscheinlich schon viele Horrorgeschichten gehört. Muß er meine auch noch hören?

Das heißt allerdings nicht, daß ich irgend etwas davon wiedererkenne. Die Dinge klingen in dieser Nacherzählung so anders. Die Tatsache, daß sie am Anfang immer meinen ersten Vornamen genannt haben, war auch nicht gerade hilfreich. Man kennt mich unter meinem zweiten Namen. Ich hatte den Eindruck, daß sie von einer anderen Person sprechen, bis die Polizei dafür sorgte, daß das korrigiert wurde. Ich wäre am liebsten aufgesprungen und hätte laut gebrüllt: »Hey, das stimmt so nicht! Ich bin es, von der ihr hier sprecht!«

Der einzige Trost für mich ist die Tatsache, daß die Darstellung von Mann 2 meiner Aussage nicht widerspricht. Vielleicht wäre ein Schwurgerichtsverfahren doch nicht so schlecht gewesen. Zumindest hätte ich dann vielleicht eher ein bestimmtes Muster erkennen können, eine zusammenhängende Geschichte. So wie es aussieht, muß ich mich mit vereinzelten Beweismitteln zufriedengeben. Ein flüchtiger Blick auf ein Paar rosa Gummihandschuhe, ein Photo, die verwendeten Waffen. Die Erinnerungen sind schmerzlich, aber ich will es wissen, eine Art von Sinn dahinter erkennen.

Die Verteidiger haben eine Menge Aufhebens davon gemacht, daß Mann 2 Reue gezeigt hat und daß mir durch sein Schuldbekenntnis die Tortur einer Zeugenaussage erspart geblieben ist. Soweit so gut. Ich bin aber ganz und gar nicht ihrer Meinung, daß mir damit erspart würde, das Ganze noch einmal durchleben zu müssen. Was glauben die eigentlich, was in den letzten elf Monaten mit mir los war? Könnten *die* sich auf Befehl von solchen Erinnerungen freimachen? Schon indem ich hier erscheinen und meine Aussage noch einmal durchlesen mußte, bin ich gezwungen worden, mich an Dinge zu erinnern, die aus meinem Gedächtnis zu löschen mir gelungen war. Ich weiß aus Erfahrung, wie lange es braucht, sie wieder aus meinem Kopf herauszubekommen. Ich bin mir durchaus bewußt, wie traumatisch ein Kreuzverhör sein kann, aber ich bin keineswegs überzeugt, daß mir wirklich *soviel* erspart worden ist.

Der Beamte, der damals für den Fall zuständig war, hat die Ansicht geäußert, daß ich aus einer Familie stamme, die mir Rückhalt gibt, daß ich mich einigermaßen gut erhole und daß zu hoffen ist, daß ich ein normales Leben führen kann. Das stimmt wohl – soweit man das sagen kann. Aber sie kennen nur die halbe Wahrheit. Ich habe den Eindruck, als würde der Frage, daß ein Friseur in Isleworth wertvolle Informationen über drei heruntergekommene Männer lieferte, die sich bei ihm die Haare schneiden ließen, mehr Bedeutung zugemessen, als den weitreichenden Auswirkungen, die all das auf die Leute im Pfarrhaus, auf ihre Freunde und ihre Familie hatte.

Die Leute werden allmählich unruhig. Ich schätze, daß es für heute gleich vorbei ist. Die Urteilssprüche werden morgen verkündet, zumindest hat man mir das angedeutet. Nein – der Richter hat sich anders entschieden. Er wird ein paar von den Schuldsprüchen hier und jetzt fällen. Das ist das letzte, was ich miterleben will, wie die Männer ins Gefängnis geschickt werden, aber mir bleibt nichts anderes übrig. Wenn ich aufstehe und gehe, mache ich mich verdächtig, selbst wenn ich an den Reihen von Journalisten mit ihren gezückten Bleistiften vorbeikäme. Ich kann nichts weiter tun, als zitternd dazusitzen und zu hoffen, daß mir nicht schlecht wird.

Man nimmt allgemein an, daß Mann 2 mindestens fünfzehn Jahre bekommen wird. Einige rechnen mit lebenslänglich. Doch der Richter sieht das Ganze in etwas milderem Licht. Er zieht die Tatsache in Betracht, daß mir die Tortur einer Zeugenaussage erspart geblieben ist, und auch, daß der Mann Reue gezeigt hat. Würde er Mann 2 mit der gleichen Strenge verurteilen, mit der die Öffentlichkeit das Verbrechen verdammt hat, dann würde dieser eine für einen zweiundzwanzigjährigen Mann unverhältnismäßig lange Zeit hinter Gittern verbringen müssen. Ich traue meinen Ohren kaum. Er ist älter als ich. Und was ist mit meinem Leben? Meinen Zukunftsaussichten? Nach Ansicht des Richters ist das Trauma, das ich erlitten habe, »nicht so groß«.

Er verurteilt Mann 2 zu fünf Jahren für Einbruch und zu fünf Jahren wegen Vergewaltigung, sexueller Perversion und Notzucht. Mann 3 bekommt fünf Jahre für Einbruch und drei für Vergewaltigung. Ich kann den Ausdruck auf den Gesichtern der Männer nicht sehen, als sie den Gerichtssaal verlassen, aber ich wäre sehr überrascht, wenn sie nicht grinsten. Das soll doch wohl ein Witz sein? Warum lache ich also nicht? Oder die Leute um mich herum? Die Polizei, die Presse und meine Familie sind fassungslos. Ich bin fuchsteufelswild.

Was hat er gesagt? Kein großes Trauma? Ein bißchen billiger Schmuck und ein Videogerät kommen in etwa dem gleich, mit Gewalt genommen zu werden, die abstoßendsten sexuellen Handlungen über sich ergehen lassen zu müssen und schließlich vollkommen erniedrigt alleingelassen zu werden, um herauszufinden, ob die Menschen, die man liebt, tot oder noch am Leben sind. Ganz zu schweigen von den medizinischen Untersuchungen, den Belästigungen durch die Presse, dem Risiko einer Infizierung und den psychischen Alpträumen des vergangenen Jahres. Gott sei Dank habe ich eine Familie, die mich aufgefangen hat. Ich weiß nicht, was aus mir geworden wäre. Und warum sind Pug und ich zu Psychiatern gegangen, wenn da kein schlimmes Trauma war?

Die Polizisten scheinen am ehesten zu spüren, wie mir zumute sein muß, und scharen sich um mich, als die Presseleute sich wie Geier um uns versammeln; sie wittern eine weitere Sensation. Wie reagieren wir auf den Urteilsspruch? Das muß eine gute Story hergeben. Schnell, schreib's auf. Ich wage nicht, etwas zu sagen. Dad weiß besser, wie man mit den Medien umgeht. Er hat sich schon einmal mit Leuten vom Fernsehen zusammengesetzt. Jetzt erklärt er den Reportern, daß er später eine Pressekonferenz geben und Erklärungen verlesen wird. Er soll machen, was er für richtig hält, ich will nichts wie weg, ehe etwas in mir explodiert. Im Auto, auf dem Weg nach Hause, machen die Polizisten ihrer angestauten Wut Luft, wie ich es auch gerne täte, wenn auch in einer nicht ganz so farbigen Sprache. Ich kann ihre Enttäuschung verstehen und auch, warum so viele gute Beamte den Dienst quittieren. Nach all der Mühe, die sie auf diesen Fall verwandt haben, und der Belastung, die ihre Überstunden für das Familienleben und Freundschaften darstellen!

Am nächsten Tag geht Pug ins Gericht. Sie hat gestern den ganzen Tag neben dem Telephon gesessen und hat auf Neuigkeiten gewartet, unfähig, sich auf irgend etwas anderes zu konzentrieren. Mir wäre es genauso gegangen, wenn ich nicht geblieben wäre, als ich die Gelegenheit hatte zu gehen. Jetzt bin ich fest entschlossen, mich nie mehr auch nur in die Nähe dieses Ortes zu begeben. Ich möchte so weit weg wie nur möglich – ans Meer. Wir entscheiden uns für Poole. So kann ich auch gleich mein Patenkind besuchen. Ich bin nicht mehr ganz so fertig wie gestern abend, bis in Rachels Autoradio eine Diskussion über den Urteilsspruch kommt. Ich würde am liebsten die Rundfunkstation anrufen und ihnen meine Meinung sagen. Leider gibt es beim Sender nicht allzu viele Telephone.

Lange Strandwanderungen sind genau die Art von Beruhigung, die ich brauche. Die Sonne scheint, aber es ist immer noch ziemlich kalt. Wir bleiben in Bewegung – abgesehen von einer kleinen Pause, als Rachel ein Photo von mir macht, wie ich auszudrücken versuche, was ich von dem Richter halte. Sinnigerweise stammt er aus dieser Gegend. Eine nutzlose Information, die wir aus einer der Zeitungen oder dem Radio haben.

Meine Angst davor, was die Zeitungen aus der Geschichte machen würden, war nur allzu berechtigt. Die meisten sind genauso empört wie wir, aber sie haben alle die Dinge gedruckt, von denen ich gehofft hatte, daß niemand sie erfahren würde. Es fällt mir schwer, mir vorzustellen, daß die ganze Nation darauf brennt, all die blutrünstigen Details zu erfahren oder im Fernsehen mein Gesicht zu sehen. Ich weiß nicht, was schlimmer ist: noch einmal zu einer Art Gemeingut zu werden, oder daß das Detail, das ich gestrichen haben wollte, doch durchgesickert ist. Ich kann mich mit dem Schuldspruch nicht einverstanden erklären. Noch weniger bin ich einverstanden, als ich das Urteil für Mann 1 höre. 14 Jahre. Und er war der einzige, der versucht hatte, mir zu helfen. Kein Wunder, daß er bei der Verkündigung seines Urteils brüllte: »Und was ist mit dem Vergewaltiger?«

Mann 1 mag ja ein gewiefter Einbrecher gewesen sein, und all das mußte berücksichtigt werden. Aber würde man nicht lieber bestohlen als vergewaltigt werden? Ich versuche nicht, solche Verbrechen zu verharmlosen, aber ich bin überzeugt, daß Verbrechen gegen Eigentum weniger Spätfolgen haben als Verbrechen gegen Personen. Meiner Geldbörse trauere ich jetzt, zwölf Monate später, nicht nach. Mein ganzes Trauma hat eher etwas mit dem Verlust meines Status, meines Selbstwertgefühls, meines psychischen und physischen Wohlergehens zu tun. Pug hat gehört, wie sogar außerhalb des Old Bailey einige Männer über die »sogenannte Jungfrau« diskutiert haben, als hätten die Anwälte mich so bezeichnen müssen. Die Kränkungen gehen weiter. Ein ständiger Kampf gegen das, was die anderen denken – die Leute in der Arbeit, die Zeitungen, Passanten, Leute in der U-Bahn, die mich ansehen, als hätte ich kein Recht, die Luft, die sie atmen, zu verpesten. Sollte man solche Dinge nicht auch berücksichtigen? Sind sie nicht genauso wichtig wie die mildernden Umstände für die an der Tat beteiligten Männer?

Nach einer Kontroverse über zu milde Urteilssprüche hatte Lord Lane Richtlinien für Vergewaltigungsfälle aufgestellt. Sie sehen eine Mindeststrafe von acht Jahren für einen Überfall im eigenen Zuhause vor, an dem zwei oder mehr Männer beteiligt sind, und eine Haftverlängerung für erschwerende Faktoren wie wiederholte Vergewaltigung, den Gebrauch von Waffen und zusätzliche sexuelle Demütigungen und Perversionen. All das war gegeben. Trotzdem erwartet man von uns, daß wir die Jugendlichkeit der Männer und die Tatsache berücksichtigen, daß sie von Mann 1 dazu verleitet wurden. Wenn die Leute mit achtzehn alt genug sind, um zu wählen und in den Krieg zu ziehen, sollten sie dann nicht im Alter von einundzwanzig für ihr eigenes Verhalten verantwortlich sein? Um dem Schaden auch noch den Spott hinzuzufügen: Die Männer haben das Recht, gegen ihr Urteil Berufung einzulegen, wir aber können nichts dagegen tun, wenn wir es für zu milde halten.

Kapitel einundzwanzig

In unserem Zorn sind wir nicht allein. Den Zeitungen zufolge ist Neil Kinnock der Ansicht, daß dies ein zu mildes Urteil ist; Harry Greenway fordert, daß Vergewaltigungsfälle von Richterinnen verhandelt werden sollen. David will, daß der Vergewaltiger kastriert wird, und ein Sprecher der Polizeigewerkschaft hält die Urteilssprüche für »erbärmlich unangemessen«.

Ich gehe Carol besuchen. Sie ist zur Leiterin eines Spezialteams ernannt worden, das sich mit Vergewaltigung und Kindsmißbrauch befaßt. Wir plaudern ein Weilchen in der Kantine, und dann nimmt sie mich zu einem Supermarkt mit und kauft mir einen ganzen Karton Schokoladenkekse. Achtundvierzig Packungen. Sie weiß, daß ich jede Menge Schokolade und Gebäck esse, aber anscheinend nie zunehme. Jetzt bin ich für einen ganzen Monat versorgt. Zumindest haben die Zeitungen unser Verhältnis zur Polizei korrekt wiedergegeben. Ich kann die Polizisten gar nicht genug loben und frage mich, ob sie die schlechte Presse, die sie so oft bekommen, wirklich verdient haben, vor allem jetzt, wo ich weiß, über wie viele Dinge in meinem eigenen Fall nicht korrekt berichtet worden ist.

In vieler Hinsicht war die Berichterstattung nach der Gerichtsverhandlung noch schwerer zu verkraften als damals nach der Vergewaltigung. Die Leute versuchen mir zu erklären, die Zeitungen hätten die Details gedruckt, um den laschen Urteilsspruch hervorzuheben. Oder die Reporter hätten vorher nicht die ganze Wahrheit gewußt; erst jetzt würde ihnen das wahre Ausmaß des Schreckens klar. Das überzeugt mich nicht. Genauso wahrscheinlich ist es, daß sich ihnen eine ganze Palette neuer pikanter Einzelheiten eröffnet hat und daß sie es gar nicht erwarten konnten, sich darauf zu stürzen. Ich bin sogar in den Fernsehnachrichten gekommen – und das nach allgemeinem Aufschrei von wegen Anonymität. Man hat uns gesagt, es sei ihnen nicht klar gewesen, daß ich das war. Sie hätten gedacht, es sei nur jemand, der gerade am Gerichtsgebäude vorbeigeht. Ach, ja – mit dem allgemein bekannten Michael Saward und mit David im Schlepptau.

Ich schätze, die Berichterstattung füllt schon einige Sammelalben. Berichte von der Vergewaltigung, Phantombilder, die Verhaftung der Männer, die Gerichtsverhandlung, der Urteilsspruch, die Reaktionen der Leute. »Ein so tapferes Opfer«, »Zu lascher Richter«, »Das kann nicht Gerechtigkeit sein«, »Die Wut des Pfarrers«, »Vom Gesetz im Stich gelassen«. Es tut gut zu wissen, daß andere Leute sich darüber genauso aufregen, aber ich wünschte, sie würden das Thema allmählich fallenlassen. Es sieht so aus, als würde es ein Dauerbrenner.

Shirley kommt mir zu Hilfe, indem sie mich einlädt, mit ihr Skiferien zu machen. Ich habe nur vierzehn Tage Zeit, um alles vorzubereiten, also volle Kraft voraus. Der Bischof von London hat mir aus einem Spezialfonds Geld zukommen lassen. Damit kann ich den größten Teil der Skisachen kaufen, die ich brauche, aber es bleibt mir keine Zeit, um irgendwelche Skigymnastik oder so etwas zu machen. Nicht, daß ich mich beklage! Ich werde am Tag X nicht in London sein. Bei der Besprechung warne ich die Gruppenleiter gleich vor. Das ist nur fair. Vermutlich lassen sich meine Reaktionen zu diesem Zeitpunkt nicht so ganz voraussagen. Ihre allerdings auch nicht. Einer ist so geschafft, daß er zu seiner Frau nach Hause geht und sich erstmal richtig ausweint. Nachdem wir die ersten Hürden genommen haben, heißt das, daß immer jemand dasein wird, um zuzuhören, und das ist wahrscheinlich das schönste Geschenk, das man mir machen kann.

Österreich ist wunderschön. Als wir ankommen, haben wir zwar zuerst guten Schnee, aber im Skifahren bin ich nicht gerade Weltmeisterin. Anfangs bemühe ich mich wirklich, es zu lernen, aber die meiste Zeit verbringe ich auf meinem Allerwertesten. Nicht sehr gemütlich, wenn strömender Regen den Schnee zum Schmelzen bringt. Nach drei Tagen beschließe ich, daß ich mich wahrscheinlich besser fühle, wenn ich es langsam angehen lasse. Ich bin es völlig zufrieden, in den Bergen spazierenzugehen, die wunderschöne Landschaft zu genießen, zu schlafen, mich zu entspannen und jede Menge Schweizer Schokolade zu essen.

An dem gefürchteten Donnerstag schließe ich mich einer Gruppe von Damen an, die ein Dorf in der Nähe erkunden wollen. Ich versuche, nicht auf die Uhr zu sehen, als es auf Mittag zugeht, und das gelingt mir so gut, daß mir erst später bewußt wird, daß es ja eine Zeitverschiebung gibt, wenn man auf den Kontinent fährt.

Als wir ins Hotel zurückkommen, gehe ich zu einem der Gruppenleiter. Er will wissen, ob ich während des abendlichen Zusammenseins etwas über die Fähigkeit, Leid zu ertragen, sagen möchte. Ich bin mit einer christlichen Gruppe hier, und jeden Abend setzen wir uns ein Weilchen zusammen. Morgen fahren wir wieder nach Hause, es wird also unser letzter Gemeinschaftsabend sein. Ich frage mich, ob er weiß, auf was er sich da möglicherweise einläßt, wenn ich erst einmal zu reden anfange. Bis jetzt kennen nur die Gruppenleiter und eine Krankenschwester meine Situation. Genauer gesagt, die Krankenschwester war vor ein paar Jahren zusammen mit einer Jugendgruppe bei uns zu Hause gewesen, und als ich gestern abend auf das übliche Thema zu sprechen kam, hatte sie schließlich zu weinen angefangen. Ich hoffe nur, daß wir für die Zusammenkunft heute abend genügend Papiertaschentücher haben.

Ich spreche nicht oft vor Publikum, und ich bin sicher, daß viele von ihnen sich fragen werden, was eine Zweiundzwanzigjährige ihnen schon über die Fähigkeit, Leid zu ertragen, erzählen kann, also fange ich damit an, daß ich ihnen erkläre, im Verlauf des letzten Jahres hätte ich ungeheuer viel darüber gelernt. Anfangs, nach der Vergewaltigung, wußte ich nicht, wie ich weiterleben sollte oder was der nächste Tag bringen würde. Ich konnte nur einfach einen Tag nach dem anderen hinter mich bringen und darauf vertrauen, daß Gott über allem wacht. Die Tatsache, daß ich nun vor ihnen stehe, ein bißchen angeknackst, aber ansonsten heil und ganz, sei mir Beweis genug, daß Gott mir da hindurchgeholfen hat. Ich will nicht ihr Mitleid erwecken, aber als ich fertig bin, ist meine Freundin, die Krankenschwester, nicht die einzige, die in Tränen aufgelöst ist.

Zwei Wochen nach meiner Rückkehr aus den Ferien hat Pug ihren großen Tag. Meine neue Beziehung wächst und gedeiht, aber irgendwie finde ich keine Ruhe. Als ich noch einen Bericht über den Richter höre, der mit dem »Fall der Vergewaltigung im Ealinger Pfarrhaus« befaßt war, wirft mich das vollends um. Da versuche ich nun, mein Leben wieder in den Griff zu kriegen, und werde mit Erinnerungen förmlich bombardiert. Ich beantrage meine Versetzung in eine andere Sainsbury's-Filiale, weg von London, und packe meine Koffer.

Ehe ich abreise, füllt meine Ärztin das Formular für den Antrag auf Entschädigung für Opfer von Gewaltverbrechen aus. Sie muß einen Bericht über meine physische und psychische Verfassung schreiben. Als ich ihr berichte, wie mir im Laufe dieses Jahres manchmal zumute war, wird sie sehr ärgerlich. Sie will wissen, warum ich ihr das nicht früher gesagt habe. Ich habe es ja versucht, aber sie war damals nicht da und meine Freunde von der Polizei auch nicht. Statt dessen habe ich mir im Park die Augen ausgeweint. Vielleicht wird es in einer neuen Umgebung, weit weg von dem Ort, wo das alles passiert ist, leichter werden.

Pug und ich gehen gerade rechtzeitig von zu Hause weg. Innerhalb weniger Monate nach unserer Abreise wird im Pfarrhaus noch zweimal eingebrochen. Mum macht darüber Witze, daß es keinen Sinn mehr hat, ihre Habseligkeiten zu verstekken. Auf diese Weise richten die Eindringlinge nur noch mehr Schaden an. Sie wird alles so auffällig wie nur möglich hinlegen, mit einem kleinen Zettel, falls sie die Sachen nicht gleich finden. In Wirklichkeit ist das alles andere als ein Witz. Die Polizei rät uns zu Sicherheitsvorkehrungen, und wir lassen eine Alarmanlage einbauen. Jetzt brauchen wir uns nur noch den Code zu merken, damit wir in unser eigenes Haus reinkommen; und wir müssen einen zweiten Stapel Briefe von Gefangenen erledigen. Die meisten von ihnen haben nicht so schlimme Verbrechen begangen und protestieren gegen die Ungerechtigkeit ihrer Urteile verglichen mit denen, die die Männer in unserem Fall bekommen haben. Sie haben nicht ganz unrecht, aber ehrlich gesagt, ich will nichts mehr davon hören. Ich hatte gedacht, die Verhandlung würde alldem ein Ende setzen. Statt dessen sieht es so aus, als ginge es ewig so weiter.

Eine christliche Zeitschrift für Teenager veröffentlicht einen Artikel über Vergewaltigung; auch von meinem Erlebnis ist darin die Rede. Eine der großen Zeitschriften greift das auf und liefert eine neue Interpretation; wir werden also in eine weitere rechtliche Auseinandersetzung verwickelt. Die Badesalz-Reklame hilft mir auch nicht gerade weiter. Der Geruch nach kaltem Rauch ist eklig. Ich habe ihn eigentlich nie gemocht; jetzt bedeutet er einfach: *sie*. Ich muß das so schnell wie möglich in den Griff bekommen.

Ich habe von Fällen gehört, daß Frauen sich ihre ganze Haut abkratzen wollten, um alles, was sie an ihre Vergewaltiger erinnerte, ein für allemal loszuwerden. Ich glaube nicht, daß ich je solche Gefühle hatte. Die Haut unseres Körpers erneuert sich ohnehin so oft, und ständig verwandeln wir uns in diejenigen, die wir gerade sind. Ich habe mich einfach an dem Lied »Brot des Lebens« festgehalten. Ich wußte, ich würde ein neuer Mensch werden. Gott hatte es mir versprochen.

Mich mit Blutungen abzufinden, welcher Art auch immer, ist nicht so leicht. Vor allem die Analblutungen. Mein neuer Arzt ist der Ansicht, eine Verätzung der Vene könnte mehr Schaden anrichten als nützen; es sieht also so aus, als gäbe es da noch eine Kleinigkeit, mit der zu leben ich lernen muß. So wie die ständigen Tests wegen Infektionen. Ich dachte, ich wäre damit fertig, bis Carol mir ungefähr einen Monat nach der Gerichtsverhandlung sagte, ich müßte noch eine abschließende Untersuchung machen lassen. Ich bin gar nicht auf die Idee gekommen zu fragen, worauf ich getestet werden sollte. Ich bin einfach hingegangen, habe mir Blut abnehmen lassen und wie üblich nach einer Woche angerufen, um das Ergebnis zu erfahren. Sorgen habe ich mir erst gemacht, als die Ärztin sagte, telephonisch könne sie mir das nicht sagen. Vorher hatte sie mir immer gleich Auskunft gegeben, warum jetzt dieses Zögern? Sie erklärte mir, wenn das Ergebnis positiv wäre, könnte ich möglicherweise auf die Idee kommen, mich von der Tower Bridge zu stürzen, daher wolle sie mich direkt vor sich haben, um das Ganze mit mir zu besprechen.

Offensichtlich war das kein Routinetest. Niemand hatte AIDS erwähnt, aber nun fing mein Gehirn an, Überstunden zu machen. Damals war die Sache mit AIDS noch ziemlich neu, und man erzählte sich alle möglichen Horrorgeschichten. AIDS könne man von einem Tropfen Blut bekommen, durch den Speichel von einem anderen oder wenn man jemandem, der infiziert ist, einen Kuß gibt. Wenn einer von den Männern infiziert wäre, hätte ich keine Chance. Ich erinnere mich, daß mir der Gedanke durch den Kopf schoß, wenn ich mich von irgendeiner Brücke stürzen wollte, dann brauchte ich nicht quer durch ganz London bis zum Tower zu laufen. Es gab eine ganze Menge Brücken, die näher lagen. Ich arbeitete in Chiswick. Da war eine, ein Stück die Straße runter.

Dank meiner Hartnäckigkeit habe ich schließlich herausbekommen, daß der Test negativ ausgefallen war, aber der Gedanke daran quält mich immer noch. Ich weiß so wenig darüber. Was für ein Test? War er für HIV oder für die manifeste Form von AIDS? Ich hatte Gerüchte gehört, wie lange die Krankheit latent bleiben kann. Vielleicht ist sie nur bis jetzt noch nicht nachweisbar? Zuerst war ich völlig niedergeschmettert. Jetzt habe ich Angst. Wen kann ich fragen? Welche Fragen muß ich stellen? Ich bin in eine neue Gegend gezogen, gehöre zu einer neuen Gemeinde, habe eine neue Stelle. Der neue Job bei Sainsbury's war, verglichen mit meinem letzten, eine gewisse Enttäuschung: Jetzt arbeite ich für eine christliche Organisation. Nur wenige Leute wissen über meine Situation Bescheid. Ich kann hier nicht rumgehen und mich als das Mädchen aus dem Fall Ealing-Pfarrhaus vorstellen oder völlig Fremde fragen, ob sie glauben, daß ich AIDS habe. Selbst die Leute, die meine Geschichte kennen und die mir in den letzten eineinhalb Jahren geholfen haben, kennen nur einen Teil. Ich wage es nicht, von allen meinen Ängsten zu sprechen, aus Furcht, diese Freunde zu vergraulen. Sie haben ihren Beruf, ihr eigenes Leben. Ich weiß, die Gefahr besteht, daß man sich mehr auf andere verläßt, als gut ist. Ich darf nicht zu einer Klette werden.

Das Problem ist, wenn niemand so recht Bescheid weiß, passiert es nur allzu leicht, daß die Leute den Finger in die Wunde legen, ohne es zu merken. Auch der Jahrestag im Dezember hat eine Bedeutung für mich. Ich bemühe mich, nicht an kleine Kinder und Babys zu denken, aber es ist eine Zeit, in der sich Traurigkeit mit Erleichterung mischt. Wo ich auch hinschaue, überall scheint es einjährige Babys zu geben. Das tut weh. Vermutlich erwecke ich den Eindruck, daß es mir gut geht, aber innerlich zerfließe ich fast in Tränen. In der Arbeit macht eine der Frauen gerade eine schwierige Schwangerschaft durch, und es sieht so aus, als könnte sie eine Fehlgeburt bekommen. Jemand aus einer anderen Abteilung betet zu diesem Problem mit Worten, die ich nie vergessen werde:

»Wir danken Dir, Herr, daß Du nie ein Kind auf die Welt kommen läßt, das Du nicht willst.«

Wie es mir gelingt, die Tränen zurückzuhalten, werde ich wohl nie wissen. Es ist, als würde Salz in eine offene Wunde gestreut.

Die Ärztin in London hat mir empfohlen, ein Jahr mit dem Arbeiten auszusetzen, um über alles wegzukommen. Ich hatte vier Monate frei und dann noch ein paarmal für kürzere Zeit, wenn ich total erschöpft war. Der neue Arzt meint, so könnte ich nicht weitermachen, alle sechs Monate oder so ein paar Wochen freinehmen. Er findet, ich solle lieber mit jemandem darüber reden, als zu versuchen, den Schmerz wegzuschlafen. Er schlägt die Gemeindeschwester vor. Was er mir nicht sagt, ist, daß sie für psychisch Kranke zuständig ist. Das merke ich erst, als es zu spät ist, um zu kneifen. Allerdings habe ich dann auch keine Hemmungen, ihr meine Vorbehalte gegen die Psychiatrie zu schildern. Trotz meiner Ansichten kommen wir gut miteinander aus, und ich bin einverstanden, regelmäßig zu ihr zu kommen. Das Gute an der Sache ist, daß ich nach der Sitzung Zeit für ein Extranickerchen habe. Die können sagen, was sie wollen, von wegen den Schmerz verdrängen. Ich glaube, ich bin schlicht und einfach müde. Kein Mensch scheint zu verstehen, wie anstrengend dieses Reden auf die Dauer sein kann.

Kapitel zweiundzwanzig

Im Verlauf des nächsten Dreivierteljahres stelle ich fest, daß ich mich auf meine Besuche bei der Gemeindeschwester für Psychiatrie freue. Sie ist sehr realistisch und pragmatisch und bereit, auf die Probleme einzugehen, mit denen ich Schwierigkeiten habe, und befaßt sich vorerst nicht mit denen, die ihrer Ansicht nach der Grund für meine Schwierigkeiten sind. Ich habe immer noch nicht den Schock überwunden, daß alle Welt über jenen 6. März Bescheid weiß. Der Analverkehr war grauenhaft gewesen. Mir wird speiübel, wenn Leute Anspielungen darauf als Fluch benutzen oder Witze darüber machen. Aber je mehr ich versucht habe, meine Gefühle zu unterdrücken oder zu ignorieren, desto mehr Probleme und Schwierigkeiten haben sie mir gebracht.

Die Schwester hilft mir, meine Reaktionen zu akzeptieren und keine Angst davor zu haben. Sie gibt mir keine einfachen Gebrauchsanweisungen, sondern stellt die entgegengesetzten Extreme heraus und hilft mir, einen Mittelweg zu finden, mit dem zu leben und den anzunehmen ich lernen kann. Die Erleichterung ist ungeheuer. Allmählich bekomme ich die Dinge wieder in den Griff. Auf ähnliche Weise gehen wir an das Problem mit großen Männern mittleren Alters heran. Ich muß nicht alle Menschen lieben. Ich mache mich selber kaputt, wenn ich das versuche. Ich habe die Wahl: Entweder leide ich mein Leben lang darunter, oder aber ich akzeptiere, daß die Erinnerungen Zeit brauchen, um zu heilen. Ich muß nicht alles hier und jetzt aufarbeiten. Es ist ein Langzeitprozeß.

Falls ich mir Sorgen wegen AIDS mache, so habe ich auch hier eine Alternative. Es gibt mittlerweile Beratungsstellen. Ich brauche nur den Telephonhörer zu nehmen, um mich von dieser Angst zu befreien. Theoretisch klingt das ganz einfach, aber ich brauche ein ganzes Jahr, bis ich soweit bin, das auch in die Tat umzusetzen. Gerade als ich mich dazu aufraffen will, sind plötzlich alle Hinweise mit den Telephonnummern verschwunden. Als sie schließlich wieder im Fernsehen auftauchen, bin ich gerade bei jemandem zu Besuch; ich kann mir schlecht die Nummer aufschreiben, wenn alle zusehen. Ich muß sie mir einprägen und mich anschließend dazu durchringen, sie zu wählen.

Streng informiert mich der Mann am anderen Ende der Leitung, daß ich bestimmt nicht auf AIDS, sondern auf HIV untersucht worden bin. Ich finde seinen Tadel etwas hart, glaube aber, daß das eine Methode ist, die Öffentlichkeit besser aufzuklären; er sagt mir dann auch, was ich wissen muß. Die Inkubationszeit beträgt drei Monate; allerdings kann die Krankheit jahrelang latent bleiben. Da ich mit niemand Verkehr gehabt habe, kann ich aufhören, mir in dieser Hinsicht Sorgen zu machen. Ich komme mir so dumm vor, wenn ich an all die Monate denke, in denen ich jedesmal, wenn ich eine Erkältung hatte oder nicht gut beieinander war, Höllenqualen ausgestanden habe.

Noch etwas anderes beschäftigt mich. Was ist mit denen, die keine so positive Antwort bekommen? Ich habe zwar von keinem Fall gehört, daß jemand durch eine Vergewaltigung AIDS bekommen hat, aber so unwahrscheinlich kann das doch nicht sein. Ich bin selber mit genügend Vorurteilen konfrontiert worden, um mir vorstellen zu können, was diese Leute durchmachen. Bei Sainsbury's hat eines Tages jemand einen Witz über das Thema gemacht, und ich habe nur gesagt: »Keine Sorge, ich habe den Test machen lassen«, ohne näher darauf einzugehen. Die haben mich vielleicht angeschaut. Sie wußten einfach nicht, wie sie sich verhalten sollten.

Die Vergewaltigung hat meine ganze Einstellung zum Leben verändert. Plötzlich ist etwas geschehen, das sich auf alles auswirkte, was ich tat, und worüber ich sprach, wie ich lebte und welchen Problemen ich mich stellen mußte. Mit einundzwanzig mußte ich mich mit Fragen wie Schwangerschaft, Abtreibung und Adoption auseinandersetzen. Das hat mich stärker gemacht. Ich mußte Probleme aus der Vergangenheit aufarbeiten, die immer noch schmerzten. Ich will damit nicht sagen, daß ich es wirklich geschafft habe, aber ich mußte sie als solche erkennen und mich mit Dingen auseinandersetzen, über die ich mir ansonsten nicht den Kopf hätte zerbrechen müssen.

Daß ich dem Tod ins Auge geblickt habe, hat mehr als alles andere meine Einstellung verändert. Ich glaube, zuerst war mir gar nicht klar, wie nahe ich ihm war. Ich habe nur gebetet: »Gott, laß mich das lebend überstehen«, und nicht weiter nachgedacht. Erst später ist mir zu Bewußtsein gekommen, wie ernst es hätte werden können. Mit Sicherheit habe ich dadurch gelernt, mir weniger Sorgen zu machen und mich an dem, was ist, zu freuen. Wenn etwas schiefgeht, dann weiß ich, daß das keine Katastrophe ist. Die Welt geht nicht gleich unter, wenn ich etwas falsch mache. Ich muß mich damit abfinden und weitermachen.

Das Leben ist soviel wichtiger geworden. Am Ende eines Tages sind nicht die Dinge, die ich besitze, so schön sie auch sein mögen, das eigentlich Wertvolle. Ich habe immer noch ein paar von meinen Stofftieren und ungefähr sechzig Schweinchen in verschiedenen Formen und Größen, aber ich setze nicht alle meine Hoffnungen auf Besitztümer. Meine Tiere von den Scrubs-Gefangenen sind mir allerdings immer noch wichtig. Scrubby nicht mehr ganz so sehr, seit sein Ohr von Davids Blut durchtränkt war, aber Äffchen ist immer noch etwas Besonderes, und das Nilpferd wäre es auch, wenn ich es je bekommen hätte. Trotzdem – es ist nicht mehr das gleiche wie früher. Materielle Dinge bleiben nicht ewig wertvoll. Gefühle dauern fort.

Ich mache es Dad und David auch nicht mehr zum Vorwurf, daß sie meinem Idealbild von Männern nicht entsprechen. In gewisser Weise betrachte ich Männer immer noch als die Führer, die Beschützer, aber mir ist mittlerweile klargeworden, daß ich manchmal mehr Ausdauer und Kraft habe als manche Männer. Die meisten Männer, die ich kenne, sind in vieler Hinsicht schwächer als ich. Vielleicht nicht körperlich. Es ist nicht weiter schwer, mich flachzulegen, und ich habe immer noch fürchterliche Angst vor Schmerzen. Ich spreche von der inneren Stärke, die ein Mensch besitzt.

Ich habe lange gebraucht, bis ich eingesehen habe, wie schwierig es für Männer ist, sich in der Rolle des Opfers wiederzufinden, vor allem, wenn es um Vergewaltigung geht. Dad scheint über Nacht gealtert. Sein Gedächtnis ist seitdem auch nicht mehr das, was es mal war, während er vorher wirklich auf Draht war. Er sagt, gefühlsmäßig habe er es bewältigt, und es ist wahr, ich habe ihn nie irgendwie niedergeschlagen erlebt. Manchmal scheint es ihn zu überkommen, aber nie für lange. Ehrlich gesagt, er bringt nur selten irgendwelche Gefühle zum Ausdruck. Entweder ist er tatsächlich damit fertiggeworden, und es belastet ihn wirklich nicht, oder aber er hat es verdrängt, und es wird ihn eines Tages einholen.

Seit unserer kurzen Begegnung im Old Bailey habe ich David nicht mehr gesehen, aber manchmal frage ich mich, wie es ihm wohl geht und ob er wieder besser hört. Er war ein sehr wichtiger Teil meines Lebens. Ohne ihn wäre es viel schwieriger gewesen, die ersten paar Monate durchzustehen. Ich wünschte, es wäre jemand dagewesen, mit dem er hätte reden können, Leute, die ihm wirklich geholfen hätten. Er war ganz allein mit so vielem, das ihn bitter machte, und ich weiß, was für Auswirkungen Bitterkeit haben kann. Wie einen das von innen her auffressen kann.

Manchmal mache ich mir auch wegen Pug Sorgen. Als ich ihr eines Tages half, sich zurechtzumachen, sagte sie, ich solle ihr nichts um den Hals legen, weil sie dieses Gefühl nicht ertragen könne, gefesselt oder stranguliert zu werden. Ich weiß, ich müßte öfter mit ihr reden, aber ich habe dieses Strangulierungsgefühl nie verspürt, also verstehe ich es auch nicht. Sie ist nie wirklich über die Dinge hinweggekommen, die ihr angst machten, trotz der mehr als hundert Stunden Psychotherapie. Noch Ewigkeiten danach hatte sie Alpträume von dem, was im Pfarrhaus passiert war. Schließlich habe ich ihr meine Aussage von damals gezeigt. Ich hatte versucht, sie davor zu bewahren, aber es war notwendig, sie ganz daran teilhaben zu lassen. Sie wußte nicht, wo *ihr* Platz war, als alles sich um mich drehte, anstatt um uns beide. Mum und Dad haben versucht, das wiedergutzumachen, indem sie sich ganz auf die Hochzeit konzentrierten. Sogar die Psychiater hielten das für etwas äußerst Positives, das wir gemeinsam erleben konnten. Vielleicht haben wir aber einen Fehler gemacht. Wir haben damals alle soviel Wirbel darum gemacht, daß ihre Ängste, obwohl sie sie schon da äußerte, erst jetzt so richtig zum Vorschein kommen.

Es war so schwierig, die Aufregungen vor der Hochzeit von den Problemen zu trennen, die wirklich Anlaß zur Besorgnis gaben. Ich habe mich oft gefragt, ob ich nach der Vergewaltigung mit einem Leben als Ehefrau zurechtkommen würde. Glücklicherweise haben meine Ängste sich als unbegründet erwiesen. Das Gute, das zu erfahren mir so wichtig war, hat mir meine Angst genommen. In einer Liebesbeziehung ist Sex etwas so ganz anderes als der Angriff auf meine Person, der mich gezwungen hat, meine Gefühle abzuschalten.

Wir hatten ein bißchen Angst, daß Einzelheiten der Vorbereitungen zu meiner Hochzeit durchsickern würden, wenn erst einmal die Zeitungen Wind davon bekämen. Irgend jemand hat es dann tatsächlich ausgeplaudert, allerdings erst einige Monate danach. Wir hatten dafür gesorgt, daß wir so weit wie möglich weg waren, als wir uns verlobten – im äußersten Winkel von Wales, wo acht Monate vorher der Mann, dem ich die Ehe versprach, die Klippe hinuntergeklettert war, um mir zu Hilfe zu kommen.

Er hat wahrscheinlich nicht gewußt, worauf er sich damals einließ, aber ich habe Wert darauf gelegt, ihn möglichst bald darüber aufzuklären. Er kann die Uhr nicht zurückdrehen und meinen Schmerz mit mir teilen, aber er weiß, wie sehr ich es manchmal brauche, daß ich mir alles von der Seele rede. Ich war wirklich beeindruckt, wie er darauf reagiert hat – eine solche Reife, eine bedingungslose Liebe. Er gibt mir Kraft, und wenn mir nicht danach ist, stark zu sein, brauche ich mich nicht dazu zu zwingen. Er ist da.

Ein paar Leute haben wahrscheinlich die Nase gerümpft, weil ich ihn in Weiß geheiratet habe, aber ich fand, wenn irgend jemand irgendwelche Fragen hatte, dann sollte er sie mir direkt ins Gesicht sagen. Carol hat mir mehr als alle anderen geholfen, diese Hürde zu bewältigen. Sie hat darauf bestanden, daß ich mich nach wie vor als Jungfrau betrachten solle, und als ich das kapiert hatte, war ich entschlossen, in Weiß zu heiraten. Die Männer hatten mir schon genug weggenommen. Das sollten sie mir nicht auch noch nehmen. Ein paar von den Gästen wußten nicht, daß ich eine Zwillingsschwester habe, und waren etwas verwirrt, als sie Pug in Grün sahen. Aber sie haben's überlebt.

Sehr geholfen hat mir, daß ich von Ealing weggezogen bin. Normalerweise bin ich jetzt nicht halb so nervös, wenn ich allein bin, außer ich sehe mir spät abends »Crimewatch« an. Wir wohnen in einem Reihenhaus, und als im Fernsehen ein Hinweis kam, daß sich jemand in der Gegend herumtreibt und Leute in Reihenhäusern überfällt, wurde mir doch ein bißchen komisch. Anfangs dachte ich, das Schlimmste sei ohnehin schon passiert, also machte ich mir weiter keine Gedanken über das, was ich tat. Ich mußte wieder lernen, vorsichtig zu sein. Jetzt ist es wahrscheinlich die U-Bahn, die mir am meisten angst macht, wenn ich nach London reinfahre. Wenn ich jemanden sehe, der ein bißchen verschlagen wirkt, bin ich augenblicklich auf der Hut. Ich steige nicht in den gleichen Wagen und vergewissere mich, daß er mir nicht nachgeht, wenn ich aussteige.

Auch Jahrestage sind problematisch. Als am 6. März 1987 die »Herald of Free Enterprise« sank, bin ich doch tatsächlich am gleichen Tag über den Kanal geflogen. Im darauffolgenden Jahr war es der »Tod auf dem Felsen«: Auf Gibraltar wurden drei IRA-Leute getötet. Irgendein Drama scheint um diese Zeit immer Schlagzeilen zu machen und tagelang das Hauptthema in den Zeitungen zu sein. Schon vorher verkrampft mein Körper sich so sehr, daß ich unausweichlich wieder zu bluten anfange. Wenn das eines Tages nicht mehr passiert, ist das ein weiterer großer Fortschritt.

Kapitel dreiundzwanzig

Erst in letzter Zeit ist mir ganz allmählich klargeworden, daß Dad, Pug und Dave, die Menschen, die mir am nächsten standen, nicht die einzigen waren, für die die Vergewaltigung Folgen hatte. Für sie muß es besonders schwer gewesen sein, weil sie versucht haben, mir zu helfen und gleichzeitig mit ihren eigenen Gefühlen zu Rande zu kommen, aber auch andere mußten ihre Schlachten schlagen, eine Tatsache, die wir oft vergessen, wenn wir ganz auf unsere eigenen Verletzungen fixiert sind. Eine meiner Freundinnen stand am Rande eines Nervenzusammenbruchs, als die Vergewaltigung passierte, und das brachte für sie die Wende. Eines Tages sagte sie mir ohne Umschweife: »Du hast mir darüber hinweggeholfen.« Ich fühlte mich geschmeichelt, daß ihr offenbar soviel an mir lag, aber im Grunde zeigte es nur, wie wenig wir uns um die Gefühle anderer Menschen kümmern. Ich wundere mich, daß die Leute immer noch das Bedürfnis haben, über die Vergewaltigung zu sprechen und zu hören, daß ich keine Angst davor habe, mich ihren Sorgen und Ängsten zu stellen. Wir arbeiten uns einfach durch und hoffen, daß wir danach klüger sind. Wenn sie dann später andere Leute hören, die verdrehte Ansichten haben, sind sie vielleicht in der Lage, ein paar davon zu korrigieren.

Reden war so ungeheuer wichtig, von dem ersten, etwas flapsigen Gespräch mit Jim an, das mir half, ein paar von den Gespenstern aus meinem Zimmer zu vertreiben, bis zu einem, das ich neulich mit zwei Mädchen führte, die bei uns wohnten. Sie konnten es einfach nicht glauben, daß ich immer noch den Sitzsack habe, der damals in meinem Schlafzimmer war, und auch das Federbett plus Bezug. Das einzige, was ich nicht mehr habe, ist das Bettuch, obwohl es fast neu war. Zu meinem Verdruß hat Mum mich gezwungen, es wegzuwerfen, als es von der Polizei zurückkam. Ich war fest entschlossen, mich nicht geschlagen zu geben. Es gab so viele Dinge, die mich aus der Fassung bringen konnten – wenn ich es zuließ. Mittlerweile weiß ich, daß das Motto der Familie meiner Mutter lautet: »Kämpf dich durch.« Scheint mir sehr passend.

Ich kann jetzt nicht mehr zu den Weihnachtsgottesdiensten in Wormwood Scrubs gehen; allerdings habe ich noch eine Theateraufführung dort gesehen. Da ich ein wenig über die Zustände im Gefängnis weiß, mache ich mir manchmal Gedanken um die Männer. So viele schreckliche Dinge können geschehen. Homosexuelle Vergewaltigung. Anschläge auf Leib und Leben. Ich weiß, daß es nicht leicht gewesen ist für sie, und mir ist klar, daß die Welt draußen kein Honigschlecken für sie sein wird, wenn sie entlassen werden. Ich kann nichts anderes tun, als weiterhin zu beten, daß sie geheilt werden, nicht nur körperlich, sondern von alldem in ihrer Vergangenheit, das sie dazu gebracht hat, so zu handeln, wie sie es getan haben.

Im Sommer hatte ich einen Traum, in dem man mich bat, bei der Rehabilitation des einen von ihnen zu helfen. Meine erste Reaktion war: »Nein, das würde ich nicht verkraften«, aber als ich anschließend darüber nachdachte, wurde mir klar, die Möglichkeit besteht ja, daß sie bereuen und umkehren. Sie haben Reue gezeigt. Es ist möglich, daß sie eine Alternative zu dem Leben sehen, das sie geführt haben. Zum Punkt *Vergebung* ist zu sagen: Ich bin nicht bereit, sie härter zu verdammen als notwendig. Es sind drei Männer, die ein Verbrechen begangen haben und dafür im Gefängnis bezahlen. Wenn sie nicht gewillt sind, meine Vergebung anzunehmen, dann ist das ihr Problem. So wie sie selber mit den Folgen ihrer Entscheidung leben müssen, wenn sie Gott zurückweisen.

Dem Richter zu vergeben ist mir in gewisser Weise schwerer gefallen. Bei ihm handelte es sich um einen hochangesehenen Mann, dem die Macht gegeben war, im Namen des Volkes Urteile zu fällen. Aber es sah nicht danach aus, daß er für die Nation sprach, als er die Ansicht vertrat: Weil wir den Männern vergeben konnten, brauchten sie nicht so hart bestraft zu werden. Aber unsere Reaktionen änderten nichts an dem Verbrechen. Vom Standpunkt des Gesetzes aus hätte dennoch dem Recht Genüge getan werden müssen. Ansonsten würde vor britischen Gerichten Christen nie Gerechtigkeit widerfahren.

Viele Leute wollen wissen, warum ausgerechnet unser Fall soviel Aufsehen erregt hat. Es wird doch jeden Tag berichtet, daß Vergewaltiger lediglich zu zwei oder drei Jahren Gefängnis verurteilt werden. Die Frage müßte nicht lauten, warum der Urteilsspruch im Fall der Vergewaltigung im Pfarrhaus solche Kontroversen ausgelöst hat, sondern warum überhaupt irgendein Vergewaltiger mit einem milden Urteil davonkommen sollte. Den Leuten ist offensichtlich nicht klar, welche Schäden eine Vergewaltigung nach sich zieht. Man müßte dieses Problem viel ernster nehmen. Man dürfte die Opfer nicht so behandeln, als wären sie die Schuldigen. Die Richter sollten mit den Opfern von Vergewaltigungen sprechen, um aus erster Hand zu erfahren, was für ein Trauma die Vergewaltigung hervorruft. Ich habe den Fehler gemacht, daß ich den Leuten nicht gesagt habe, wie schlimm sich das alles auf mich ausgewirkt hat. Alle die Ärzte haben es erst nachträglich erfahren, vor allem die Tatsache, daß ich nahe daran war, mir das Leben zu nehmen.

Es ist nicht verwunderlich, daß Frauen oft davor zurückschrecken, eine Vergewaltigung anzuzeigen. Ich weiß, die Entscheidung liegt bei ihnen, und zwar einzig und allein bei ihnen, aber dennoch möchte ich andere Opfer dringlich auffordern, zur Polizei zu gehen und den Überfall zu melden. Wenn die Männer glauben, daß sie ungestraft davonkommen können, was sollte sie dann daran hindern, das Leben eines anderen Menschen zu zerstören? Möglicherweise sind nicht alle Polizisten so verständnisvoll und hilfsbereit, wie meine es waren, aber man bemüht sich um ein rücksichtsvolleres Verhalten gegenüber den Opfern von Sexualverbrechen; die neu eingerichteten Sonderabteilungen für Vergewaltigungsfälle sind eindeutig ein Schritt in die richtige Richtung.

Allmählich verändert sich einiges, teilweise als Folge unseres Falles. Man hat viel dafür getan, die Anonymität der Opfer von Vergewaltigungen zu gewährleisten. Am 2. Februar 1987, an dem Tag, als unser Fall vor Gericht verhandelt wurde, brachte Henry Greenway im Unterhaus eine Gesetzesvorlage ein. Im Sommer gleichen Jahres wurde sie Gesetz. Zwei Jahre später hörte ich im Radio, daß das Revisionsrecht ebenfalls geändert wird. In Zukunft können die Opfer in bestimmten Fällen gegen ein mildes Urteil Berufung einlegen. Ich habe das Radio angebrüllt: »Zwei Jahre zu spät!« Alles hätte ganz anders ausgesehen, wenn wir die Möglichkeit gehabt hätten, vor das Berufungsgericht zu gehen. Die Entschädigung, die ich vom Fonds für die Opfer von Gewaltverbrechen bekommen habe, hat gezeigt, daß nicht alle der Meinung waren, der Schock, den ich erlitten hatte, sei nicht so schlimm gewesen. Vergeben heißt nicht notwendigerweise vergessen. Es gibt keine Regel, die besagt, daß eine Person sich einfach so von einer Vergewaltigung erholt. Ich glaube nicht, daß ich das je ganz vergessen kann, aber die kleineren Details, die das Ganze irgendwie noch schlimmer gemacht haben, verblassen allmählich. Zeit hilft in der Tat, Wunden zu heilen, vorausgesetzt, man stellt sich den Tatsachen und akzeptiert sie. Ich bin vielen Leuten begegnet, die nicht imstande sind zu vergeben, weil sie sich auf ihre eigene Stärke verlassen. Und genau die sind es, die am Ende oft von Beruhigungsmitteln oder Alkohol abhängig werden, sich nicht mehr aus dem Haus trauen oder nicht in der Lage sind, Beziehungen zum anderen Geschlecht zu unterhalten. Ich will damit nicht sagen, daß ich keine Probleme habe. Aber ich habe den größten Vergebenden aller Zeiten auf meiner Seite. Ich brauche es nicht alleine zu tun. Auch keine andere Frau braucht das. Keine muß am Ende so dastehen wie jene Frau, die diese Last an die sechzig Jahre mit sich herumgeschleppt hatte.

Von einer anderen Frau in einer ähnlichen Situation wie der ihren, habe ich einen Brief bekommen. Mein Rat an sie und überhaupt an alle Frauen lautet ganz einfach: REDEN, REDEN, REDEN. Es muß irgend jemanden geben, irgendwo, der zuhört oder der einem sagt, an wen man sich um Hilfe wenden kann. Allmählich entwickelt sich ein Bewußtsein dafür, und es werden Organisationen ins Leben gerufen, deren Anliegen es ist, in solchen Fällen zu helfen. Ganz zu schweigen davon, wie sehr die Familie und Freunde uns helfen können – wenn wir sie lassen.

Vergewaltigung muß nicht das Ende von allem bedeuten, wie grauenhaft auch immer sie gewesen ist. Mir ist inzwischen klargeworden, daß all das, womit fertigzuwerden ich so große Schwierigkeiten hatte, kein Einzelfall war. Daher frage ich mich jetzt, wie Vergewaltiger überhaupt auf solche Ideen kommen, welchen Einfluß Pornos vermutlich darauf haben. Sie können derlei nicht einfach aus der Luft greifen. Wenn ich daran denke, welche Auswirkungen Drogen und Alkohol haben können, macht mich das ebenfalls sehr argwöhnisch. Es geht ja nicht nur um den Schaden, den sie bei den Betreffenden selbst anrichten, sondern auch darum, was den anderen Menschen angetan wird, die diesen Personen begegnen, wenn diese ihr Verhalten nicht mehr kontrollieren können. Die leiden dann ebenfalls unter den Folgen, manche für den Rest ihres Lebens.

Das Trauma einer Vergewaltigung ist sehr groß. Jeder, der das nicht glaubt, sollte einmal versuchen, sich vorzustellen, daß er selber so etwas durchstehen muß. Es gibt ziemlich klar abgegrenzte Stadien, und das hat mir niemand gesagt. Das ist einer der Gründe, weshalb ich meine Erfahrungen anderen mitteilen will. So braucht keine Frau das Gefühl zu haben, daß sie zusammenbricht oder verrückt wird, wenn sie dasitzt und die Düsternis, die Leere spürt. Wenn jemand anders ähnliche Zustände durchgemacht hat, kann das in gewisser Weise beruhigend wirken, daß dies alles Teil eines normalen Prozesses ist, wie anomal er einem auch vorkommen mag.

Ich kann mir immer noch nicht vorstellen, wie Frauen über so etwas hinwegkommen, wenn sie nicht die Hilfe erfahren, die mir zuteil geworden ist. Gott hat mir einige ganz besondere Freunde zur Seite gestellt, die immer in der Nähe waren. Aber auch so stand es immer auf Messers Schneide. Um über ihr Erlebnis hinwegzukommen, müssen Frauen in der Lage sein, darüber zu reden. Wenn man versucht, das, was da geschehen ist, zu ignorieren, schafft dies noch weit mehr Probleme. Carol hatte recht. Man kann es »tot« begraben oder aber »lebendig«. Mit jemandem zu reden, der bereit ist zuzuhören und zumindest den Versuch macht zu verstehen, ist eine der wirkungsvollsten Methoden, es tot zu begraben. Ich weiß das; ich habe das in den Monaten und Jahren seit der Vergewaltigung ausgiebig getan. Man merkt sehr schnell, wer es verkraften kann und wer schon bei dem Gedanken daran zusammenbricht. Am schwierigsten ist es, seine Bedürfnisse zuzugeben und bereit zu sein, um Hilfe zu bitten. Vielen Leuten fällt es schwer, ein Gespräch zu beginnen. Dieses Problem habe ich nicht. Ich fange einfach an, so daß niemand Angst davor zu haben braucht, daß er mich verletzt.

Manchmal frage ich mich, ob die Leute sich denken: »Fängt sie schon wieder damit an?«, aber wenn sie wirklich zuhören und achtgeben, dann werden sie sehen, daß ziemlich viel hinter dem steckt, was ich sage. Ich spreche nicht nur für mich, sondern für all jene Frauen, die nicht in der Lage waren, ihren Gefühlen Ausdruck zu geben. Über dieses Thema zu sprechen erschöpft mich, aber es lohnt die Mühe, wenn andere auf diese Weise besser verstehen. Nicht selten kommt anschließend eine der Frauen auf mich zu und erzählt mir, wie sie überfallen oder mißbraucht wurde. Möglicherweise vor Jahren. So viele Frauen konnten einfach nicht darüber sprechen. Sie haben Angst. Oder fühlen sich irgendwie schuldig.

Es gibt Zeiten, da wünsche ich mir, alles hinter mir zu lassen. Letztes Jahr habe ich mich deswegen regelrecht gestritten mit Gott; es war bei einer Versammlung. Ich hatte das Gefühl, Er fordere mich auf, über mein Erlebnis zu sprechen, und ich widersprach: »Darf ich es denn nicht vergessen? Nur dieses eine Mal?« Ich habe keinen Frieden gefunden, bis ich meinen Mund aufmachte und allen sagte, daß ich vergewaltigt worden bin. Erst nach einer ganzen Weile fragten sie nach Einzelheiten, und dann dauerte es über ein Jahr, bis eine der Frauen mir erzählte, daß meine Geschichte ihr geholfen hatte, sich der Tatsache zu stellen, daß sie Jahre zuvor vergewaltigt worden war.

Endlich hatte sie es geschafft, sich an eine Beratungsstelle zu wenden.

Ich wollte eigentlich mit Vergewaltigungsopfern sprechen, die Carol zu mir schicken würde, bin aber von London weggezogen, ehe sich eine Möglichkeit dazu ergab. Aber meine Stofftiere erfüllen einen guten Zweck. Immer wieder nehme ich einen Armvoll und bringe sie zu einer Freundin, die mit mißbrauchten Kindern arbeitet. Sie kann sie den Kindern mit dem Versprechen schenken, daß sie von jemandem kommen, der weiß, was sie durchgemacht haben, und am anderen Ende des Tunnels angelangt ist.

Das Leben geht weiter. Es ist nicht immer eitel Wonne, aber es ist möglich, sich durchzukämpfen. Ich entdeckte, daß es eine Menge Dinge in diesem Leben gab, an denen ich mich freuen konnte, sobald ich mich entschlossen hatte, weiterzuleben und nicht nur zu existieren. Das heißt nicht, daß es mir nicht auch manchmal dreckig geht, aber es ist möglich, damit fertigzuwerden. Kopf hoch und durch. Daß das Leben mir einmal furchtbar mitgespielt hat, bedeutet nicht, daß es von jetzt an ständig aufwärts geht; es gibt immer Gutes und Schlechtes. Und es gibt keine einfachen Lösungen; man muß daran arbeiten. Beharrlich sein. Lernen, sich den Tiefschlägen zu stellen, die kommen werden.

Die Welt ist ein häßlicher Ort. Manchmal sitze ich einfach vor dem Fernseher und würde mir am liebsten die Augen ausweinen, wenn ich die Nachrichten höre. Aber solche Dinge passieren eben. Ein permanenter Nervenzusammenbruch bringt da nichts. Meine Methode, damit zurechtzukommen, ist, daß ich für bestimmte Leute bete, zum Beispiel für die Kinder, die meine Spielsachen haben. Ich spüre, daß ich eine Art Beziehung zu ihnen habe, obwohl ich sie nie gesehen habe.

All dies hat mich auf ganz besondere Weise gelehrt, daß Gottes Liebe keinen ausschließt. Einige haben vielleicht nie wirkliche Geborgenheit bei anderen Menschen erfahren. Oft erfüllen menschliche Beziehungen unsere Erwartungen nicht. Ohne Gott wäre ich nicht da, wo ich jetzt bin. Wann auch immer ich

Schwierigkeiten habe, mit denen ich nicht fertig werde, kann ich sie jederzeit Ihm zurückgeben und sagen: »In Ordnung, Gott. Komm. Jetzt mußt Du einspringen.« Allerdings mußte ich lernen, Ihn nach seinen Bedingungen vorgehen zu lassen und nicht zu versuchen, Ihm meine zu diktieren. Erst als ich aufgehört habe, meine eigenen Schlachten zu schlagen, und meine Schwäche eingestanden habe, entdeckte ich, daß Gott da ist. Er war da, als ich überfallen wurde und kein Menschenwesen mir zu Hilfe kam. Die Freude, die ich nach der Vergewaltigung damals in der Kirche erleben durfte, war so übernatürlich, daß mir klar wurde: »Schau, Gott ist um so vieles größer, als du erwartet hast. Er wird dich durch die schlimmen Zeiten hindurchgeleiten.« Er hat mich nicht alleingelassen, als es darum ging, weiterzumachen. Sobald ich erkannte, was mir not tat, war Er da, bei mir, und goß, durch andere, seine Liebe über mir aus.

Ich habe entdeckt, daß Liebe sanft ist, geduldig, bereit, sich in die Lage des anderen zu versetzen und die Wut und den Schmerz zu teilen. Sie erwartet nicht, daß der andere »sich zusammenreißt« und sich über Nacht oder auch in einigen Jahren erholt. Jede Frau, die mit den Folgen einer Vergewaltigung fertig werden muß, braucht sehr viel Liebe. Vergewaltigung ist absolut zerstörerisch; sie trifft das Selbstbewußtsein und Selbstwertgefühl eines Menschen in seinem innersten Kern. Ich hätte nie geglaubt, daß das, was in dieser einen Stunde am 6. März 1986 geschah, derart verheerende Auswirkungen haben könnte. Ich kann Gott nur danken für alle jene, die mir geholfen haben, wieder gesund zu werden – Männer und Frauen. So unwahrscheinlich das damals auch schien, diese Vergewaltigung war eindeutig auch eine Geschichte der Liebe.

John, John, Steve, Mickey, Carol, Julie, Julie, Liz, Elizabeth, Shirley, James, Chuck, Alan, Roy, David, David, Ian, Rita, Gary, Warren, Wendy, Debbie, Chris, Chris, Catherine, David, Steve, Andy, Tim, Nigel, Jeanette, Sarah, Jane, Roger, Gladys, Elsie, Lilly, Molly, Marjorie, Jerry, Marion, Graeme, John, Jean, Keith, Annie, Roy, die Kerrs, Jack, Dylan, Aled, Alwyn, Rodney, Gareth, Colin, Lucy, Tracey, Pru, Clare, Trudy, Margaret, Jean, John, Paul, Lisa, die Schauspieler von Block D in Wormwood Scrubs, Fish, Marillion, Andy, Chris. Und meiner Familie.

Euch allen Dank.

SERIE PIPER

FRAUEN

1330

Die Journalistin Sibylle Plogstedt ist – wie viele Kinder der Nachkriegsgeneration – ohne Vater bei der Mutter aufgewachsen. Jahre nach dem Tod des ihr völlig fremden Mannes rekonstruiert sie – aus Bildern, Dokumenten und den Erzählungen ihrer Halbbrüder – das Bild ihres Vaters, den sie nun nicht mehr idealisieren muß.

1476

Iris Galey war 14, als sie das schreckliche Geheimnis preisgab: Zwei Tage später erschießt sich ihr Vater, der sie jahrelang sexuell mißbraucht hatte. 40 Jahre danach macht sie uns zu Zeugen einer verratenen Kindheit, die wie ein Alptraum ihr späteres Leben zeichnet. Iris Galey ist heute in der Inzest-Survivers-Bewegung mit großem Engagement tätig.

1226

Was läuft in den 90er Jahren schief in der Liebe und warum? In Shere Hites neuem Report ist in allen Berichten eines unübersehbar: Im Gefühlsbereich gibt es noch keine Gleichberechtigung! Nach Meinung der Autorinnen hat dennoch der Mythos vom »weiblichen Masochismus« ausgedient: Frauen lieben – aber nicht um jeden Preis. Sie schließen Kompromisse – aber keine faulen . . .

SERIE PIPER

FRAUEN

1198

Mit rücksichtsloser Offenheit beschreibt Jane Lazarre in diesem autobiographischen Bericht Dinge, über die man sonst nicht spricht, und wenn, dann nur hinter vorgehaltener Hand: Es sind die dunklen Seiten der Mutterschaft. Humorvoll und scharfzüngig wird so eine der scheinbar sichersten Bastionen weiblicher Identität hinterfragt.

1491

Ist Mutterliebe ein Instinkt der »weiblichen Natur«, oder ein Sozialverhalten, das sich mit der Zeit und den gesellschaftlichen Verhältnissen wandelt? Bislang galt sie in der öffentlichen Meinung als naturwüchsig und angeboren. »Die ironische Sachlichkeit ... macht dieses Buch, eine Abrechnung mit dem Mythos der Mutterliebe, zum Lesevergnügen.«
Süddeutsche Zeitung

1387

Zwei Drittel aller Psychopharmaka werden von Frauen genommen – und viele von ihnen werden unmerklich und ohne jede Vorwarnung tablettensüchtig. In diesem umfassenden Aufklärungsbuch werden Hintergründe, z. B. Verschreibungspraxis, Informationen über psychische Krankheiten, und verschiedene Wege aus der Sucht vermittelt.